Klaus P. Fischer

DER MENSCH VOR
DEM DUNKLEN GOTT

TOD UND AUFERSTEHUNG DES GLAUBENS

Impressum:

DER MENSCH VOR DEM DUNKLEN GOTT
TOD UND AUFERSTEHUNG DES GLAUBENS
von Klaus P. Fischer

Ausgabe: vom 1. Oktober 2021
ISBN: 978-3-754352-92-2
Hrsg.:   Hans-Jürgen Sträter

Herstellung und Verlag: BoD, Norderstedt

Cover: Das Foto stellt den Gekreuzigten dar, wie er gerade aufge-
          richtet wird und gleichsam zwischen Erde und Himmel
          ´hängt`. Es handelt sich um das Motiv eines Kreuzwegs,
          gestaltet von Alfred Schönenberger (Wil/SG), Kunstgrafiker,
          verstorben 1969. Der Kreuzweg befindet sich in Dreibrunnen
          bei Bronschhofen (SG, Schweiz).

          Das Foto stammt von ené Gossweiler (Birmensdorf Schweiz,

          der die Erlaubnis zur Verwendung gegeben und das Bild
          nochmals für diesen Zweck bearbeitet hat.

VORWORT

Seit einigen Jahren redet man von einer „Gottes-
krise". Der Ausdruck stammt von dem Theologen
Johann Baptist Metz, der selbst eine frühere
Problemanzeige von *Karl Rahner* aufgriff. Der
Psychiater und Theologe *Manfred Lütz* wurde in
einem Interview (2016) noch deutlicher: „Das
Problem der Kirche, beider Kirchen ist: Die Leute
glauben nicht mehr an Gott!"
Nun kann man natürlich fragen, ob „die Leute" dies
jemals taten, ob das An-Gott-Glauben in der „guten,
alten Zeit" für viele nicht eher fraglos zum Weltbild
und zum guten Ton gehörte, ohne die Lebensfüh-
rung nachhaltig zu beeinflussen. Im 21. Jahrhundert scheint aber in der westlichen Welt der Gottesglaube für die Mehrheit auch offiziell entbehrlich
geworden zu sein. Das mag mehrere Gründe
haben. Viele meinen, die sogenannte Selbstorgani-
sation des Universums mache die Hypothese Gott
überflüssig. Andere, der betont freiheitlichen
Lebensauffassung des *Laissez-faire* zugetan, empfinden Gottes- und Kirchengebote als Einengung
freiheitlicher „Lebensqualität" und weisen die Vorstellung, vor Gott in Verantwortung zu stehen, als
Zumutung von sich. Nicht wenige aus den Reihen
getaufter Christen wenden sich mit der Zeit ab, weil
ihr Kinderglaube mit der übrigen Bildung und Fort-
bildung nicht mitgewachsen ist und sie Sinn und
Inhalt des Glaubens für die Bedürfnisse von
Erwachsenen nicht sehen. Ohne es direkt auszu-
sprechen, denken sie, „Gott" sei für Kinder und für
alte Leute. Eine beträchtliche Anzahl von Menschen
verabschiedet sich vom Glauben an Gott, weil die
Grausamkeit der Welt, die Härte des Lebens und
unverständliche Einbrüche des Schicksals sie in

hohem Maße irritieren und die übliche Rede von einem „lieben Gott" unglaubhaft machen.

Die nachfolgenden Überlegungen sind vor allem für Leser gedacht, die zu den beiden letztgenannten Kategorien gehören und die den Mut noch nicht verloren haben, das Gotteszeugnis der Bibel daraufhin zu befragen, welches Licht daraus auf die schweren Lebensfragen fallen könnte.

Heidelberg, Ostern 2016

Der Verfasser

INHALT

Wie Menschen die Welt erfahren

Die Welt, in der die Menschen aufwachsen und sich bewegen, wird als Heimat erlebt, wenn und weil ihnen Tag für Tag Vertrautes, Erfreuliches und Nützliches begegnet, das sie handhaben können. Die Welt kann sich aber auch fremd, ja unheimlich anfühlen, wenn und wo Menschen von Schmerz, Verlust und Tod überrascht, ja überwältigt werden. Doch wird das Unvorhergesehene, Überraschende – ob angenehm oder zuwider –, weil nicht selbst hergestellt oder bestellt, von Menschen empfunden als von fremder Hand gefügt, zugefügt, zugeteilt. So spricht man seit alters her von Fügung und Schicksal, wo sich das Empfinden aufdrängt, das überraschende Ereignis entspringe einer übermenschlichen Macht. Gleichzeitig denkt man sich diese höhere Macht gleichsam persönlich: als unsichtbaren Herrscher über das Weltreich, dessen Wille und Planung eigentlich „unerforschlich" sei. Doch versuchten die Menschen seit je, das Unergründliche zu ergründen. Mit dem Gedanken an Willkür von Seiten jener überirdischen Macht konnte und mochte man sich nicht abfinden.

Es war ja häufig zu beobachten: das Befinden der Menschen, Wohlergehen oder Leiden, kam auf sie zu wie das Echo auf ihre Taten und Versäumnisse. Man beobachtete also nicht selten eine Entsprechung zwischen Tat und Schicksal. Jene überirdische Macht, die man als göttlich, später gar als über den Göttern stehend deutete, handelte also rational, das heißt, gerecht: Der Mensch ist zwar mit Freiheit begabt, doch auch mit einem feinen Gespür für Recht und Unrecht versehen.

Tat ein Mensch Böses, trafen ihn und die Seinen früher oder später die Folgen des Übeltuns. Man sah Menschen nicht, wie die Moderne, nur als Individuen, sondern als Glieder von Familie, Sippe, Stamm, ja Volk.

Die Folgen des Verhaltens des einzelnen Glie-des konnten daher auch Mit-Glieder seiner Lebensgemeinschaft treffen. Um sozusagen die gesamte Palette eintreffender Leiden einordnen zu können, nahm man auch an, selbst unbewusste und ungewollte Verstöße gegen die Weltordnung müssten gesühnt werden. So verbreitete sich die Erwartung, Gerechtigkeit bilde die Grundordnung der Welt und schicksalhafte Ereignisse seien im Guten wie im Bösen entweder offenkundig oder verborgen gerecht. Diese Denkweise prägt augenscheinlich den antiken Götter- und Schicksalsglauben. Sie wurde im jüdischen wie im christlichen Volksglauben übernommen und auf den Gott der Bibel übertragen. Allerdings kam der antik-vorchristliche Schicksalsglaube in eine Krise, die sich in der jüdischen wie auch christlichen Erfahrung mit dem Gottesglauben auf eigene Weise spiegelt.

Wir werden im Folgenden versuchen zu erhellen, wie Götter und Schicksal auf Menschen der antiken Welt einwirkten und wie die Menschen bemüht waren, deren Macht zu begreifen und sich gegen sie zu behaupten. Hier sind all jene Momente bereits greifbar, die auch heute den Gottesglauben erschweren oder fraglich machen. Anschließend soll in den Blick kommen, wie die typischen Glaubensprobleme – nur wenig verändert – in biblischen Erzählungen wiederkehren und wie ihre Verfasser mit

Gott und Schicksal ringen: man denke nur an das Buch Hiob und an die Leidensgeschichte des Jesus von Nazaret.

Da die Menschen, die an den Gott der Bibel glauben, in den Schriften des Ersten und des NT Gottes Offenbarung sehen, liegt die Frage nahe, ob biblische Texte Auskünfte oder Einsichten bieten, die über die Aporien des antik-vorbiblischen Götter- und Schicksals-Glaubens hinausführen.

Erfahrungsgemäß sind ja Schicksale jene Anlässe, wo Menschen verwundert oder erschreckt aufhorchen und die Frage „Wo ist Gott?", ja „Gibt es Gott?" aufbricht..

Hört man, wie die Leute reden und denken, zeigt sich, wie allgegenwärtig der Gedanke an Schicksal ist und Gefühle der Furcht aufsteigen, wenn die nahe Zukunft als dunkel, ja bedrohlich empfunden wird. Enttäuschung macht sich Luft in Redensarten wie „Man muss es nehmen, wie es kommt", „es hat nicht sein sollen!", „Gottes Ratschluss ist unerforschlich". Freude, Glück, Erleichterung bekunden sich in Ausdrücken wie „Vorsehung", „Fügung", „Engel", „Schutzengel". Häufiger tritt Erschrecken auf, Schauder vor dem „grausamen" Schicksal, nicht selten auch Empörung:

„Ich habe nichts Böses getan – warum werde ich so bestraft?" „Ich kann das Vaterunser – Dein Wille geschehe – nicht mehr beten"!

Manchmal scheint nur noch Resignation im Gewand der Banalisierung zu helfen: „Zur falschen Zeit am falschen Ort!"!

Vom Schicksal „Geschlagene" suchen Entlastung in der Genugtuung über fremdes Schicksal:

„Das musste ja so kommen, so enden!", „der/die hat es nicht anders verdient!" Im Volksmund überwiegen negative Erinnerungen an Einschläge des Schicksals, ist doch seit je bekannt, dass Erlebnisse von Leid und Schmerz sich nachhaltiger einprägen als jene, die froh stimmen. Das Spektrum leidvoller Einzelschicksale (z.B. Totgeburt, Geburt schwerbehinderter Kinder, Unfalltod einer jungen Mutter) reicht bis in Bereiche seltener, doch tief erschütternder Ereignisse (Tod von Hunderten, ja Tausenden als Folge von Unwetter, Erdbeben, Tsunami).

Eine theoretische Besinnung wie diese will sich nicht anmaßen, die Abgründe tragischer Erfahrungen – mit „Schicksal" und „Gottes Wille" umschrieben – mit Gedanken und Worten auszuloten. Doch lassen sich Annäherungen versuchen, um vielleicht etwas Licht ins Dunkel zu bringen.

Beleuchten wir zunächst Vorstellungen von Schicksal, wie sie aus der vorchristlich-abendländischen Kultur auf uns gekommen sind, und prüfen anschließend, wie der biblisch-christliche Glaube diese Vorstellungen aufnahm und gegebenenfalls abwandelte.

I. SCHICKSAL UND GOTTESGLAUBE IN VORCHRISTLICHER ANTIKE

Hybris, Nemesis – und die Gerechtigkeit?

Schon älteste griechische Zeugnisse behandeln unser Thema, etwa der frühe Elegiker *Theognis von Megara* (6. Jahrhundert v. Chr.). Theognis will mitten im Umbruch seiner Gesellschaft – der alte Adel verliert spürbar an Einfluss und Neureiche, oft Leute aus der bisherigen Unterschicht, drängen zur Macht – dem adligen Jüngling *Kyrnos* in Distichen das Ethos der Vorfahren nahebringen:

Hochmut (Hybris), Kyrnos, zuerst gibt ein Gott einem schlechten Manne hinzu,
dem keinen Platz mehr er einräumen will [1]

Hochmut verkennt die wahre menschliche Situation, die im Todes-Schicksal (*moira thanátou*) endet (I 340; 820). Lebens-Glück und Unglück (*áte*) liegen nicht im Vermögen des Menschen, sind es ja Götter, die „alles vollbringen nach ihrem eigenen Sinn" (I 133-142). In vielerlei Gestalten kommen die *Gaben* der Unsterblichen zu den Sterblichen. Man muss sie so, wie sie sie geben, geduldig annehmen (I 444ff) und sein „Los" tragen (592), denn aus Schlechtem lassen sie wieder Edles, aus Gutem Schlechtes entstehen (661f). Umso wichtiger sei es, statt in Übermut auszubrechen, wenn es einem gut geht, *Maß* (*métron*) zu halten (693f; vgl. 335f).
Doch drückt den Dichter auch ein altes Problem: zu Zeiten zögern die Götter, Unrecht-Täter zu bestra-

1 *Theognis,* Frühe griechische Elegien gr-dt (Darmstadt 2005), Eleg. I 151f (eig. Ü); s.a. *Kaiser,* 63-69

fen, und enthalten Gerechten den guten Lohn vor – wie soll ein Sterblicher, der es wahrnimmt, vor den Unsterblichen noch Ehrfurcht haben, da sie ja Erlösung vom Tod (*lýsis thanátou*) *allen* Sterblichen *nicht* gewähren? (747f; 1010). Wenn der Abstieg in das „schwarze Haus des Hades" Schicksal aller Sterblichen ist (1014) – bedrückendes Thema schon des sumerischen *Gilgamesch*-Epos – , müsste sich doch das Leben der Frommen und Gerechten durch offenbares Glück vom Leben der Gottlosen abheben! Der Dichter sieht das Problem nicht darin, dass Götter Urheber und Absender von Gutem *und* Bösem (Schlechtem) sind.

Sein Problem ist die *Verteilung* der Güter und der Übel, die dem Maßstab der Gerechtigkeit widerspricht – Maßstab, den er auch als für Götter gültig ansieht. Die Anklage wegen Ungerechtigkeit gegen Götter wird zwar viel später relativiert mit dem Hinweis, der Mensch sei zu „winzig", um das Weltganze zu durchschauen, sein Protest also vermessen.[2] Doch die Forderung der Gerechtigkeit an Gott und Götter ist zäh, lässt sich nicht zum Schweigen bringen.

Doch wie kam man darauf, den Gerechtigkeits-Maßstab von Menschen an Götter anzulegen, war doch griechischer Geist von der *delphischen* Mahnung „Erkenne dich selbst!" durchdrungen: sich selbst zu erkennen als *Menschen* – nicht Gott – und demgemäß zu handeln, das heißt, handeln gemäß dem menschlichen „Teil" (*katà móron*), dem Todes-Los, statt leben und besitzen zu wollen *über* den Anteil (*hypèr móron*) hinaus, der Sterbliche von Unsterblichen scheidet ? Grund für die Anwendung der

---

2 *Platon,* Die Gesetze 899-905; vgl. *Paulus,* Brief an die Römer 9,14-24

Gerechtigkeits-Ansprüche von Menschen auf Götter lag offenbar in der Vorstellung, „dass gemeinsamen Ursprung haben Götter und sterbliche Menschen" [3].

Der Dichter *Pindar* betont zu Beginn seiner 6. Nemeischen Ode den „einen Ursprung" von Menschen und Göttern: „aus einer Mutter (*ek miās mätrós*) atmen wir beide; uns trennt aber die ganz verschiedene Macht/Kraft (*dýnamis*), dass hier nichts, dort aber als sicherer Sitz aus Erz ewig der Himmel besteht". [4]

Das heißt aber auch: Götter haben und hätten die Macht, Bös-Täter zu strafen, Gerechte zu belohnen. Wie lässt sich dann die oft zu beobachtende, ungerechte Verteilung von Glück und Unglück erklären?

Eine Erklärung für das Missverhältnis bietet schon *Homer* – an einer Stelle, wo *Zeus* selbst quasi seine eigene ´Theodizee` liefert:

Nein! Wie die Sterblichen (brotoí) doch (die) Götter beschuldigen! Denn von uns her, sagen sie, seien (die) Übel!

Und schaffen doch selber durch ihre eigenen Übergriffe, über ihr Teil hinaus (hypèr móron), sich Schmerzen! [5]

Zeus also mahnt die Menschen, sie sollten, statt Götter anzuklagen, ´vor der eigenen Tür kehren`. Die spätere biblische Weisheit verschärft das: Auch

---

3 Zugleich entstanden Götter u. sterbliche Menschen: *Hesiod,* Werke u. Tage 108 (gr.-dt. Stuttgart 2004)
4 *Pindar*, Oden (gr.-dt.- Stuttgart 2001)
5 Odyssee I 32ff; eig. Ü. (angelehnt an *W. Schadewaldt*)

„ein Gerechter (*zaddiq*) fehlt (wörtl.: fällt) siebenmal am Tag" (Spr 24,16). *Hiobs* Freunde sind nur konsequent, wenn sie, als er (wohl im Zuge eines Kriegsausbruchs) alles verloren hat, ihn drängen: Geh in dich, suche nach deinen vergessenen Missetaten, denn: Von nichts kommt nichts, auch kein Unglück! (Hi 5,7.17)

Hiobs Freunde denken wie altgriechische Tragödien-Dichter, die dem Grundsatz folgen: „Sein Verhalten (*ethos*) wird dem Menschen zum Schicksal (*daímon*)" (*Heraklit* fr.102).

Auch der ahnungslose König *Ödipus*, im Gefühl der Unschuld, erfährt, er habe unwissentlich den leiblichen Vater getötet und die eigene Mutter geheiratet; damit aber Böses – die Pest – über seine Stadt Theben gebracht, zudem Thron und Leben verwirkt.

Bis heute denkt man gern nach der Ursache-Wirkung-Relation: Im Unglück spiegelt sich das Vergehen!

Der Glaube, der die Ursache für persönliches und kollektives Unglück nicht zuerst im Wirken von Göttern oder Gott, sondern in verborgenen Verfehlungen von Menschen sucht, lebt in anderem Gewand auch heute in esoterischen Kreisen: die Ursache für die Übel des Lebens liege in schlechtem *Karma*, erzeugt im früheren Leben, das sich jetzt auswirke.[6]

Doch blieb die Deutung, die die Schuld an Übeln der Welt vor allem schlechten Menschen auflädt, nicht unwidersprochen, erwies doch die Beobachtung zu allen Zeiten, dass es, wie *Theognis* klagt, schlechte Menschen gibt, denen ein angenehmes

---

6 Vgl. zB *Th. Dethlefsen,* Schicksal als Chance (München [6]1983)

Leben vergönnt ist, und gute, die elend leben.
Auch *Homer* sieht den Anteil der Götter, wenn *Achill* dem unglücklichen *Priamos* erklärt:

Zwei Fässer sind aufgestellt auf der Schwelle des Zeus.
Mit Gaben, wie er sie gibt, schlimmen, und das andere mit guten.
Wem Zeus sie nun gemischt gibt, der donnerfrohe,
Der begegnet bald Schlimmem und bald auch Gutem.
Wem er aber von den traurigen gibt, den bringt er zu Schanden.[7]

Wie *Achill* anschließend am Beispiel seines Vaters *Peleus* verdeutlicht, teilt *Zeus* entweder gemischte Gaben (Gutes mit Bösem) aus oder aber bloß schlechte. Die Möglichkeit, dass jemand von Zeus ausschließlich gute Gaben empfängt, besteht nach aller Erfahrung nicht, wohl wegen der natürlichen Distanz zwischen Göttern und Menschen: damit Menschen nicht zu Hybris, zum Wahn der Gott-Gleichheit gereizt werden.
Hier wird also wieder der *Gott* als Ursache für die Übel festgehalten – also die Selbstverteidigung des Zeus im Eingang der Odyssee relativiert. Doch wie steht es jetzt mit der Gerechtigkeit? Der Maßstab für Gerechtigkeit erscheint hier den Menschen entzogen und in des Gottes Hand gelegt: er mischt und teilt zu, wie es Menschen – sterblichen Wesen – gebührt.

---

7   Ilias XXIV 526-531 (Ü. *Schadewaldt*)

Verblendung – Schuld – Vergebung

Doch taucht schon bei *Homer* eine Variante auf: *Agamemnon* erklärt sich unschuldig am Zerwürfnis mit *Achill*: nicht er trage Schuld,

sondern Zeus und die Moira und die im Dunkeln wandelnde Erinys, die mir in der Versammlung in den Sinn warfen die wilde Beirrung ... Aber was sollte ich tun? Der Gott führt alles zu seinem Ende. Die ehrwürdige Tochter des Zeus ist Ate, die alle beirrt, die verderbliche,

auch ihren Vater *Zeus*, der sie ihrer Arglist wegen an den Zöpfen packte, aus dem Olymp zur Erde schleuderte, wo sie nun Menschen heimsucht![8]
Agamemnon rechtfertigt sich also mit der Verhexung seines Verstandes, bewirkt von der Zeustochter *Ate,* aber auch von *Zeus* selbst, verweist also auf Götter als Verantwortliche für seinen Streitanteil. Er rettet damit – wie jeder, der *Ate* die Schuld gibt – seine Ehre (*timé*), zu Lasten der Gottheit. Die *Ent*schuldigung mit *Ate* – Verblendung – konnte Ausrede sein, aber auch Klage, ja Verzweiflung über das „ausweglose Netz der Ate".[9]
Ate hat offenbar keinen Anteil mehr an Gerechtigkeit und *Maß,* sie ist ein das Maß sprengendes Verhängnis, eine unbotmäßige Unruhe- und Unrecht-Stifterin, die des Zeus Weltregierung beträchtlich stört.
Mehr als zweihundert Jahre nach *Homer* sieht auch *Aischylos,* in seinem Drama „Die Perser", *Ate* am

8 Ilias XIX 85-138 (Ü. *Schadewaldt*); *W. Fauth,* Art. Ate, in: Der kleine Pauly I (München 1979), 673f
9 *Aischylos,* Prometheus in Fesseln 1078; vgl. *ders.,* Perser 98

Werk, spricht gar vom „täuschenden Gott" (*theós apatōn*).[10] Statt von *Ate* kann er auch vom *daimon* reden, der den Sinn des *Xerxes* und seiner Ratgeber zu deren Unheil verblendete. Hinter aller Verwirrung und Verblendung aber sieht der Dichter *Zeus*, der Selbstherrlichkeit und Hybris der persischen Macht durch katastrophale Niederlagen bei *Salamis* und *Platää* richtet.[11]

Auch in *Sophokles'* berühmter Tragödie „*König Ödipus*" ist *Verblendung* (hier: des Ödipus) und deren Aufdeckung beherrschendes Thema.[12] Der König ahnt nicht, dass ihn und Theben seines Vaters *Laios* wegen ein Fluch trifft: *Laios* hatte den Sohn des *Pelops* entführt (die Entführung endete mit des Sohnes Selbstmord) und *Pelops* den Entführer verflucht. *Zeus* bzw. *Apollon* vollstreckten diesen Fluch: In Erfüllung des Fluchs erschlägt *Ödipus* unwissentlich seinen Vater *Laios* und ehelicht seine Mutter *Jokaste*. Die Menschen – „Schicksalsträger, Gott-Gezeichnete" *(E. Buschor)* – sind geblendet, nur die Götter – sich offenbarend durch das Orakel von *Delphi* – wissen Bescheid. Obwohl einen Fluch erfüllend, macht *Ödipus* sich des Vatermords und Inzests schuldig und zieht so Unglück in Gestalt der *Pest* auf ganz *Theben*. *Ödipus, der* seine Verblendung schließlich durch Selbstblendung bekennt, *weint* verzweifelt über das Werk der Götter: *„Apollon war das, Apollon, Freunde, der die Übel, meine Übel voll machte und (so) meine Leiden"*![13]

---

10 Die Perser 94
11 Nachweise in meiner Studie Schicksal ... (2008), 26
12 *H. v. Geissau,* Art. Laios, Der kleine Pauly III (München 1979), 454ff; *ders.,* Art. Oidipus, in: DklP IV, 252ff
13 König Ödipus 1329f, eig. Ü.

In *Sophokles`* letzter Tragödie „*Ödipus auf Kolonos*"
gelangt der geblendete Greis zur Einsicht, als Trä-
ger des Götterfluchs seine Vergehen „mehr erlitten
als getan" zu haben, und gewinnt der Dichter die
Aussicht auf Erbarmen der Götter für den leidenden
Ödipus, dessen Schuld *verhängt,* statt erworben ist.
Hier (wie schon in *Aischylos`* *Orestes*-Trilogie) wird
deutlich: die *Gerechtigkeit* göttlicher Sanktionen in
Schicksalsschlägen ist zur großen Frage geworden,
drängt auf eine neue Antwort.
Eine neue Antwort, wie sie im Ansatz auch der etwa
zeitgleiche Lyriker *Simonides* in betender Rede an
„Vater Zeus" suchte:

Ich flehe zu dir ein dreistes Wort
und bin ferne des Rechtes, verzeih` mir! [14]

Allerdings taucht in der mythischen Weltdeutung
hier ein neues Problem auf. In *Homers Ilias* wirft
sich der Trojaner *Sarpedon* dem *Patroklos* entge-
gen, der viele feindliche Helden bezwungen hatte.
Der tapfere Einsatz des Trojaners rührt in *Zeus* das
Mitleid (*éleos*), und er spielt mit dem Gedanken,
Sarpedon die Schlacht überleben zu lassen. Doch
Gattin *Hera* widerspricht energisch und erinnert an
das menschliche Los:

Einen Mann, der sterblich ist und von jeher dem
Schicksal (aisa) verfallen,willst du wieder aus dem
schlimm tosenden Tod erretten? Tu es! Doch wir
anderen Götter billigen es dir nicht alle!,

---

14 Eig. Ü. nach *H- Rüdiger,* Griechische Lyriker gr.-dt.
   (Zürich-Stuttgart 1968), Simonides fr. 5, 20f

so wenig wie die Kämpfer um Troja, selbst „Söhne von Unsterblichen", es billigen würden.

Hera widerstrebt also einem drohenden Übergriff des Zeus. Zeus` Mitleid könne sich, rät Hera, im ehrenvollen Tod und Begräbnis des Kriegers zeigen.[15]

Offenkundig können auch Götter, selbst Zeus, *contra legem* (παρὰ θέμιν) handeln. Zwar hätte Zeus Macht zu solchem Eingriff. Doch griffe er ein, griffe er über in *die Macht des Schicksals* und zöge sich Widerstand anderer Götter und Groll der Götter-Söhne zu. Auch Götter sind demnach *ethisch* gebunden an die Weltordnung, die eine erbar-mungslose Zäsur setzt zwischen Unsterblichen und Sterblichen, sind zu einem Verhalten verpflichtet, das diese Grenze respektiert – wie es umgekehrt die Sterblichen tun sollen, denen ein Übergriff als „Hybris" angelastet wird, ist doch der Tod für sie die unerbittliche und unüberwindliche Kluft zwischen Erde und Himmel. Schon ein bisschen *Über*leben des trojanischen Kriegers, und sei es nur bis zur nächsten Schlacht, erschiene in *Heras* Augen als widergöttliche Gnade und Verletzung der Weltord-nung. Die von Zeus erwartete Gerechtigkeit bezieht sich hier auf den Respekt der Weltordnung, die *un*sterbliche Götter und todgeweihte Menschen scharf-unerbittlich trennt und die auch Götter zu achten haben.

Auch in Gedichten *Friedrich Hölderlins,* jenes für die altgriechische Glaubenswelt und ihre Abgründigkeit so empfänglichen Dichters, spiegelt sich diese Sicht des Schicksals, das als „Notwendigkeit" das

---

15 Ilias XVI 441ff (Ü. *Schadewaldt*)

Menschenleben souverän dominiert.
Als Jüngling dankt er ihm noch:

Für meines Lebens goldnen Morgen
Sei Dank, o Pepromene, dir!
Ein Saitenspiel und süße Sorgen
Und Träum` und Tränen gabst du mir.

Wenige Jahre später schmerzt ihn die unüberbrück-
bare Kluft zwischen Göttern und Menschen:

Schicksallos, wie der schlafende
  Säugling, atmen die Himmlischen …

Doch uns ist gegeben,
  Auf keiner Stätte zu ruhn,
    Es schwinden, es fallen
      Die leidenden Menschen
        Blindlings …

Das strenge Los entlockt dem Dichter die berühmt-
verwegene Bitte an die *Moiren* (*Parzen*):
Nur einen Sommer gönnt, ihr Gewaltigen!
Und einen Herbst zu reifem Gesange mir …
                              … Einmal
Lebt ich, wie Götter, und mehr bedarfs nicht.

Die Weltordnung duldet kein Mitleid

Die von *Hölderlin* nachempfundene scharfe Grenze zwischen Göttern und Menschen ist die Dominante auch der wohl kühnsten Tragödie des *Aischylos*, *Prometheus in Fesseln* (*Prometheús desmótes*) aus der Prometheus-Trilogie.[16] Dem *Prometheus,* titanischer Abkunft, als „Uranier" zu den von Zeus besiegten Alt-Göttern gehörig und „Erwecker des erfinderischen Geistes" (*Karl Reinhardt*), hält *Krátos* (die Macht) vor, er habe sich eines „sündigen", nämlich „Menschen liebenden" Verhaltens (*philánthropos trópos*: 1.28; 123) schuldig gemacht, ihnen ein „Ehren-Vorrecht von Göttern", d.h. das von Zeus zu Recht den Sterblichen vorenthaltene Feuer entwendet und es „Eintagswesen" (*ephaémeroi*: 82f.253. 546) zukommen lassen. Zeus aber, Sieger über die alten Götter, von Vernichtung der Menschen durch Prometheus` Fürsprache abgehalten, sieht seinen Machtanspruch angetastet, die von ihm begründete Ordnung gefährdet, und verfährt unerbittlich. *Krátos* und *Hephaistos* überbringen das Urteil, vollziehen die ´Hinrichtung`: Schmiedung des Frevlers an den Kaukasus-Felsen. Da *Hephaistos* zaudert, den „verwandten Gott" zu bestrafen, wird er von *Krátos* belehrt: „frei (*eleútheros*) ist niemand außer Zeus" (Prom. 50) – ein Satz, der in den Ohren der Athener an die Macht der Tyrannei erinnert und den Theatergästen deutlich macht, dass der Gefesselte der wahre Freie ist, da er dem Tyrannen den *Geist* entgegensetzen kann: „unheimlich (*deinós*) ist er (Prometheus), auch im Ausweglosen einen Weg zu finden" (59), ein Talent, das ihn zum Begründer der

---

16 Siehe *Reinhardt* (1949); *Kerényi* ; *Bremer, Aischylos,*, 111-171

Mechanik und Technik zum Wohl der Menschheit werden ließ (Prom. 443-506). Der Chor aber sieht Prometheus leiden und rät zur Reue. Doch dieser erklärt, er habe die Strafe bewusst in Kauf genommen, da er aus freien Stücken (ἑκών) gefehlt, gesündigt (ἥμαρτον 266) habe: ein Eingeständnis, das hier, anders als sonst in den Tragödien, eine *Ent*schuldigung mit Berufung auf einen Gott, einen Fluch, oder auf *Ate* ausschließt. Bewusst, frei handelte Prometheus gegen die Welt- und Zeus-Ordnung.

Die Weisheitsformel „Lernen durch Leiden" wird hier variiert: Prometheus sieht die Menschen leiden, und mit-leidend lernt er, dass er, der Gottgleiche, die Menschen lehren könne, ihre Leiden zu mindern, auch wenn er vorher weiß, dass Zeus ihn dann durch Leiden den Menschen ähnlich machen wird – mit dem Ziel, ihn von Menschenliebe zu heilen und zu lehren, dass Freiheit von Leid den Göttern allein gebühre.

Bis zu diesem Punkt zeigt die Gestalt des Prometheus Züge eines mythischen Helfers der Menschheit, der mit der Bereitschaft, für sein Mit-Leid mit Menschen auch zu leiden, vorausweist auf die historische Gestalt des *Jesus* von Nazaret, dessen Mitleid die Weltordnung Roms und Jupiters (= Zeus) stört und der dafür ans Kreuz geschmiedet wird. Die frühe Kirche erkannte solche Analogien wohl, zog aber die Abgrenzung vor.[17]

Im Zentrum der Tragödie setzt Prometheus sein

---

17 *Tertullian*: Der Schöpfer der Bibel sei „der wahre Prometheus" (Apologeticum 18,2). Beim Thema Mitleid u. Stellvertretung sah man zwar Parallelen zu Prometheus, doch war christlichen Theologen der leidende Gerechte von Jes 53 näher u. wichtiger: *Schneider*, Geistesgeschichte, 263.

Wissen – man könnte sagen: seine Gabe zur Vorsehung – gegen Macht und Wissen des Zeus. Seine eigene Erlösung vom Leiden erwartet Prometheus von seinem (Voraus-)Wissen, nämlich von seinem Einblick in die Notwendigkeit (*anánke*). Er weiß: Schmiedetechnik ist schwächer als die Notwendigkeit. Er weiß, dass am Steuerruder der Notwendigkeit die drei *Moiren* sitzen mit den *Erinyen*, dass Zeus „schwächer" ist als diese, also auch Zeus selbst vom Schicksal bestimmt (515ff) wird. Durch ein von Mutter *Thémis* (*Gaía*) empfangenes Vorherwissen weiß Prometheus, dass Zeus, Überwinder des *Krónos*, gestürzt werden wird durch einen stärkeren Sohn, falls Prometheus ihm die vorgesehene Schicksalsbahn nicht früh genug enthüllt, damit er sie meide (755-770.995f). *Aischylos* deutet an: auch Zeus werde von der „Zeit" genötigt sein, Leiden zu lernen und durch Leiden zu lernen (979ff), sieht sich Prometheus doch Zeus darin ebenbürtig, ja überlegen, dass er *weiß*, die *Macht* bleibe nicht den Stärksten, sondern den durch List (*dólos*) Überlegenen erhalten (212f).

Was bei *Homer* anklingt, wird bei *Aischylos* eindeutig: auch die Götter, sogar der oberste Gott, haben ihre Schicksale, haben ähnlich (obwohl inhaltlich verschieden) wie Menschen ihr „Teil", sind – zumindest vor der Schicksals-Notwendigkeit (*Anánke, Moira*) – nicht *all*wissend, nicht *all*mächtig. An diesen Attributen Anteil hat vielmehr, wer vor-(her)sehend Einsicht hat in die Wege der *Anánke*. Solche Erkenntnisse konnten in jenes Sprichwort münden, das *Platon* zwei Mal zitiert:

Mit der Notwendigkeit aber kämpfen auch Götter nicht [18]

18 Protagoras 345d; Nomoi (Die Gesetze) 818b+d. Schicksals-
mächte sind auch *Athene* (Ate-haft: *Sophokles,* Aias 51ff)
und *Eros, sogar* über Götter (Die Frauen von Trachis
441ff). Für die *Orphiker* ist die *Ananke* „die Mutter des
Verhängnisses (*heimarmene*)".

Die Schicksalsspindel der „Notwendigkeit" und der 'höhere Sinn'

In *Aischylos'* Sicht erscheint Menschen-Schicksal bestimmt zum einen durch Konflikte unter Göttern, zum anderen (und nicht weniger) durch die Notwendigkeit (*Anánke*).

Platon nimmt die Auskunft des *Prometheus* bei *Aischylos* (*Moiren* als Steuerführerinnen der *Anánke*: Prom. 515ff) auf. Im Schlussteil seines Werkes „Der Staat" stellt er in einer detailreichen Vision von mythisch-symbolischer Kraft die „Spindel der Notwendigkeit" vor, die die acht Himmelssphären bewegt. Die drei Töchter der „Notwendigkeit" – die Moiren *Láchesis* („Losende", d.h. Lose Zuteilende), *Klotho* (für die Gegenwart zuständige „Spinnerin") und *Atropos* (für die Zukunft zuständige „Un(ab-)wendbare") – drehen sitzend und singend an den Kreisen mit. Mit Hilfe dieser Symbolik will *Platon* die Gerechtigkeit des Weltlaufs illustrieren. Die verstorbenen Seelen treten zur *Láchesis* und empfangen aus ihrem Schoß je ein Los (*kléros*) zu „neuem, zu Sterben bestimmtem Umlauf"[19]

Die Art der Lose, die sie empfangen, entspreche der Achtung oder Missachtung der Tugend, die die Seelen früher gewählt hätten; daraus ergäben sich Art der Wiedergeburt und Lebensform. *„Verantwortlich ist der Wählende; Gott ist schuldlos"*, betont *Platon*.[20] Andere, nicht der Tugend verwandte Attribute (Reichtum/Armut; Krankheit/Gesundheit) seien nicht wählbar, seien mitten hinein gemischt.

19 Politeia (Der Staat) 616b-619e; s.a. Nomoi 818a-d
20 Politeia 617e; Theaitetos 176bc

In den so teils gewählten, teils zugeteilten Schicksalen müssten die Seelen sich nun „aufgrund von Notwendigkeit" (*ex anánkes*) bewegen. *Platon* will genau unterschieden wissen, welche Schicksale Menschen sich dank eigener sittlicher Wahl selbst verdanken und welche, wie zB Gesundheit/Krankheit, ihnen von den „Töchtern" der Notwendigkeit, den *Moiren*, als ihr Los zugesponnen werden. Doch soll man erkennen: wenn bestimmte zugeteilte Lose dem tugendhaften oder verwerflichen Vorleben der Menschen entsprechen, ist auch diese Entsprechung von der *Anánke* verfügt.[21]

Aus ethischen Gründen, da die Menschen für ihr eigenes sittliches Verhalten haften, kritisiert *Platon* ältere Dichter wie *Homer* und *Aischylos,* weil sie bei Göttern auch übles Wollen annähmen: *Gott* ist im Wesen gut, wahrhaftig, unwandelbar, täuscht und betrügt nicht. Also kann Gott Ursache nur guter Erfahrungen sein. Für schlechte Erfahrungen seien andere Erklärungen zu suchen, anstelle Gottes.[22] Mit der Idee einer nach Verdiensten zugeteilten Wiederverkörperung der Seelen gibt *Platon* dem *Homer* der *Odyssee* auch wieder Recht*,* bei dem *Zeus* sich ja gegen menschliche Anklagen verwahrt: für ihre Leiden seien die Menschen selber Ursache, nicht Götter.

Doch der aus Enttäuschung geborene Verdacht, Gott kümmere sich nicht um menschliche Belange, rührte sich schon damals, was Platon bewog, seine Argumentation zu erweitern. Wenn schon die Bau-

---

21 Sachlich kommt *Platon* hier der indischen *Vedanta*-Lehre von der Bedeutung des *Karma* in *Sansara* nahe.

22 *Platon* nennt hier „Grundzüge der Theologie" für Dichter und Staatsgründer: Politeia 379ab; Theaitetos 176bc

meister („ohne die kleinen Steine liegen die großen nicht fest"), Haus- und Staats-Verwalter, Ärzte usw. sich um die kleinen Dinge kümmern müssen, so kümmert sich erst recht auch Gott um die kleinen, individuellen Probleme und Leiden. Nur hat er dabei stets Wohl und Vollkommenheit des Ganzen (*tò hólon*) im Blick; daher „leidet und tut ein jegliches Teil nach Vermögen das ihm [in Bezug auf das Ganze] Zukommende". Den mit Gott Hadernden ermahnt er: „*Ein* solches Teilchen – wie winzig auch immer – bist auch du, Verwegener, das sich abmüht im steten Hinblick auf das Ganze (*tò pān*)", ist doch das All nicht geworden „deinetwegen, sondern du seinetwegen". Da sich Dinge und Menschen ändern, muss Gott auf diese Veränderungen quasi reagieren, dafür andere Teile verschieben und versetzen: dem Wohl des Ganzen zugute.[23]

In der Wurzel trifft sich Platons Gedanke an Gott, der auch das Kleine, Einzelne mit Blick auf das Wohl des Ganzen besorge, mit dem Glauben von *Aischylos* und *Sophokles*, hinter allem Geschehen walte ein großer, gütiger Gottes-Wille. Bei *Platon* spielt ein persönliches Erlebnis herein: Bei seiner zweiten Sizilien-Reise – gerufen, um den jungen Fürsten *Dionysios II.* mit der Philosophie vertraut zu machen – geriet er in Hof-Intrigen; die ihn fast Freiheit und Leben kosteten. Rückblickend stattet er „Zeus dem Retter (*sōtēr*)" Dank für seine Rettung ab.[24]

Da Gott nur gut ist, somit für schlechte Lebens-

---

23 Die Gesetze 899-905. Der Gedanke, das Schicksal, auch das gute Schicksal ($\theta\varepsilon\tilde{\iota}\alpha$ $\mu o\tilde{\iota}\rho\alpha$ – Ion 536d), sei nur Teil eines Ganzen, legt sich schon vom Wort *moira* her nahe, worin das Wort „Teil" (*móros, méros*) enthalten ist.

24 *Platon*, Siebenter Brief 334 d., 340 a

erfahrungen nicht-göttliche Erklärungen zu suchen sind, muss *Platon* der eigenen Forderung selbst nachkommen. Für bestimmte Übel (z.B. Unglücksfälle) sieht er die Ursache im gestaltlosen *Stoff.* Zwar verbindet sich die *Vernunft* mit ihm, damit der vernunftlose Stoff „durch Überredung" Zahl und Gestalt gewinne.[25] Doch wird Materie so nur ansatzweise 'intelligent`. Damit gibt *Platon* der „Notwendigkeit" eine Richtung, die zusammen mit dem *Atomismus* unter dem Motto „Zufall und Notwendigkeit" bedeutsam wird bis ins naturwissenschaftlich-technische Zeitalter.

Aischylos und *Platon* erscheinen als Zeugen, dass der antike Mensch ihrer Zeit beginnt, sich der eigenen Stärke bewusst zu werden: zu verstehen, dass er nicht einfach blind-hilflos einem Verhängnis und der Willkür unsichtbar-mächtiger Götter ausgeliefert ist, vielmehr selbst ausgestattet mit Verstand und Vorsehung – Prometheus ist ja mythische Personifizierung des *ánthropos promēthēs*, zu Deutsch: des *voraus denkenden, vorsorgenden* Menschen. Wenn er, wie Prometheus, Einsicht gewinnt in die *Notwendigkeit*, gewinnt er auch an Kraft der Selbstbehauptung. Diese lässt sich – folgt man *Heraklit* – steigern, wenn man die Einseitigkeit und Begrenztheit menschlicher Erfahrung durchschaut. Der allein Weise ist Gott, denn für ihn ist das Hässliche zugleich schön, das Schlechte auch gut und das Ungerechte auch gerecht. Die Gegensätze bestünden nur für Menschen; was in ihren Augen auseinanderstrebe, sei in Wahrheit zu unsichtbarer Harmonie verbunden und von göttlicher Weisheit gelenkt (fr.8.30.32.41.51.102 u.a.). *Heraklit* lehrt also, alle

---

25 Ausführlicher bei *Fischer,* Schicksal, 33

Ereignisse im Menschenleben, auch hässliche, als Unglück empfundene, gehorchten einer unsichtbaren Harmonie, geführt von einem allumfassenden Logos, dessen Bruchstücke sie seien.

Platon teilt diese Überzeugung, wie wir sahen: der Mensch solle sich verstehen und annehmen als einen, der, ohne es zu durchschauen, eingefügt sei in das Ganze des Weltalls und in dessen *Logos*.

Der Annahme dieser ´Einsicht` stehen aber Gefühle und Gemütsbewegungen entgegen, Enttäuschung oder Angst. Daher ergänzen spätere Weisheitslehrer (*Epiktet*), es gelte, sich von Begehren frei zu machen: zu wollen, was kommt und wie es kommt; zu einem unliebsamen Vorfall zu sagen: „Er geht mich nichts an". Diese Haltung wird leichter praktikabel, wenn der Glaube, „unsichtbare Harmonie" durchziehe Welt und Ereignisse, sie trägt.

Die außerbiblisch-vorchristliche Antike setzt also den *Geist* (Welt-Geist) gegen die Wechselfälle des Lebens und das rätselhafte Schicksal. Schicksal wird gedeutet als Moment und Phänomen eines unsichtbaren, das All beherrschenden Logos, eines universalen Geistes. Dieser Welt-Geist regiere ebenso logisch wie notwendig. Das Logische ist ja auch das Zwingende. Daher beherrschen *Logos* und *Ananke* (Notwendigkeit) das Welt-All.

Der Mensch allerdings, dem Schlimmes widerfährt, sieht den universalen Geist nicht, sieht auch nicht den *notwendigen Sinn*, den sein Unglück im Weltganzen haben soll. Es bleibt ihm nur, den Philosophen diese Sicht – Existenz und Walten einer alles beherrschenden Vernunft – zu *glauben*.

Zudem wird er angehalten, seine Gefühle zu suspendieren, sie gleichsam einzuschläfern, individuelles Unglück, und also sich selbst, nicht wichtig zu nehmen. Die erwünschte Apathie (Unempfindlichkeit) bedarf vorausgehender Anästhesie. Sowohl das individuelle Ereignis wie auch der einzelne Mensch, dem Schicksalhaftes zustößt, soll vor dem Horizont des Universums seine Abwertung hinnehmen: sein Leid ist unwichtig *im Ganzen*, es hat sogar einen verborgenen Sinn im Weltlauf und für ihn.[26]

Doch zeigt sich im griechischen Geist noch ein anderer, widerstreitender Zug.

Es erwacht ein ethischer Anspruch, der – wie das Thema *Gerechtigkeit* zeigt – universal ist, so universal, dass er auch Götter vor diese Schranke fordert. Götter, die *un*gerecht handeln, also dem auch für sie gültigen Maßstab nicht genügen, verwirft er – oder verwirft Theologen (die griechischen Dichter, die aus mythischen Stoffen Epen und Tragödien entwarfen, hatten den Rang von Theologen), die Götter vorstellen, deren Wesen und Handeln seinem wachsenden ethischen Anspruch nicht genügen. Im Kontext wird der Mensch selbst angeregt, sich um höheres ethisches Niveau für das eigene Handeln zu mühen, statt nur die Zeit, das Schicksal, die Götter anzuklagen.-

---

26 Ein Prominenter der Gegenwart propagierte die alte Weltsicht wie neu: „Der Tod ist kein Feind. Wir sind im Kontext des Universums sehr gering"

Götter und Menschen:
Untertanen der Ökonomie

Aber die Entwicklung ist noch komplexer.
Etwa ab dem 1. Jahrtausend v. Chr. wurde die um das Mittelmeer versammelte Welt von einer tiefgreifenden Wandlung erfasst. Städte errangen als Handelsplätze wachsende Bedeutung, denn mit dem alle Grenzen überquerenden Handel und der Einführung der Geldwirtschaft erhielten Händler und Handelsgesellschaften zusammen mit ihren Waren Prestige und Macht – zu Lasten der an Naturalwirtschaft gebundenen Landbewohner. Fast zwangsläufig sprengte auch das Gewinn– oder Profitstreben moralische Grenzen. Der äußere und innere Wandel begünstigte Eroberungskriege, die (soweit damals möglich) auf ´Globalisierung` zielten, führte zu militärischen Okkupationen, Beschlagnahmungen, Tributforderungen, ebenso wie zu sozialen Konflikten (Schuldknechtschaft!), Revolten. Der massive Wandel erzwang Neuordnungen von Macht und Gesetz im Innern von Stadt und Land.
Angeregt wurden die Konflikte auch durch ungleiche Fruchtbarkeit naher und entfernter Ländereien, Entwicklung neuer Produktionstechniken, Herstellung und Verkauf von Luxusgütern wie auch wirksameren Waffen. Der im damaligen Sinne globalisierte Handel konnte sich auf einen vielgliedrigen Ring von Pflanzstädten (Kolonien) phönizischer und griechischer Herkunft stützen, die als Handelszentren, Schwungräder und Nutznießer des merkantilen Verkehrs fungierten. Fast zwangsläufig wandelten sich die Gesellschaften in Klassengesellschaften mit einem neuen, auf Wachstum und Profit von Habenden und Gewinnenden gestimmten, die Menschen

jedoch entsolidarisierenden gesellschaftlichen Kräfteverhältnis. Bewährte Werte wie Recht und Maß, Gerechtigkeit, Verbot von Ausbeutung, Schutz der Schwachen – wie in Alt-Hellas (*Solon*) und in Alt-Israels Tora-Gesellschaft (s. *Nehemia*) – wurden ´unmodern`, man trotzte Göttern und Gott, ersetzte sie durch neue Gesichter. Der Aristokratendichter *Theognis* mochte die dissoziierende, enthumanisierende Umwertung der Werte nicht akzeptieren, auch *Platon* nicht.

Doch bei *Aischylos* erhebt sich der listig-findige Mensch im mythischen Urahn des Prometheus gegen die Vormacht des alten Götter-Vaters Zeus. Die Gottheiten der Tradition mit übermenschlichen Privilegien (nachgebildet in Privilegien des Adels), ursprünglich aber auch Stifter des Sittengesetzes und dessen Wahrer, wurden schrittweise entmachtet von einer Menschheit, die das archaische Menschenmaß überschreiten, selbst grenzenlos – frei, gleich, wohlhabend – werden wollte. *Diese* neue Menschheit setzte sich vorerst allerdings aus den Privilegierten und ihren Nachkommen, Gewinnern und Nutznießern der neu gewonnenen Horizonte und Ordnungen in Szene. Den Verarmten, Ausgebeuteten und Ohnmächtigen aber erschien das *Schicksal* immer mehr in der steinernen Maske „Notwendigkeit", wie die Herrschenden sie propagierten. Die vielen Opfer des „Fortschritts", die die geschichtlichen, handelsgeographischen, ökonomischen Ursachen ihres Unglücks – die nicht mehr kostendeckenden Einnahmen der kleinen Bauern und Pächter aus ihrer Arbeit, ihren Erzeugnissen, ihre Abhängigkeit von den „Tiefs" im überregionalen

Handel – nicht oder wenig durchschauten, nahmen die Willkür der Herren, die Kriege, Steuerschrauben, Hunger, Verarmung, Schuldknechtschaft und frühen Tod als „Schicksal", als Schicksal der kleinen Leute.[27] Das unerbittliche, die Schwachen zerstampfende Schicksal durchbrach zeitweise seine Anonymität und ´offenbarte` sich in Namen wie *Antiochus, Pompeius, Cäsar, Herodes, Pilatus.*

Macht und Geltung der alten Götter, bereits in den Tragödien problematisiert, zerbröselte in einem anhaltenden Erosionsprozess. Sie wurden relativiert durch regen Kontakt mit anderen Völkern und deren Göttern. Kriege und Eroberungen lehrten, dass die Macht der Götter eines Volkes begrenzt war: sie konnten besiegt, mindestens gezwungen werden, ihre Macht mit fremden Göttern zu teilen. Die Unterlegenen und Ausgebeuteten lernten, dass die Götter gewöhnlich den Siegern und Ausbeutern beistanden und die Schwachen von ihnen keine Gnade erwarten konnten, dass die Götter vielmehr die imperialen Gelüste von Aufsteigern unterstützten, die Verletzungen von Sitte und Recht aber nicht (mehr) ahndeten. Damit war das Problem der Gerechtigkeit von Seiten der Götter brennend geworden, und das Ungelöste, vielleicht Unlösbare darin untergrub vollends das Ansehen der Götter beim Volk. Diese verloren hier buchstäblich ihr Gesicht, neue Namen kamen und gingen. Das allmächtige Schicksal war ein gesichtsloser, unberechenbarer, dunkler Gott, der sich mit vielen Namen schmücken konnte.

Ihm entkam auch *Platon* als Philosoph nicht, obwohl er die rationale Erhellungs-Kraft des menschlichen Geistes gegen ihn einsetzte. Seine Rückführung der

27 Vgl zB *Veerkamp*, 171 u. ö.

Unvernunft des Schicksals auf die Irrationalität der Materie (als Teil-Erklärung denkbar) weist voraus auf Geister der europäischen Neuzeit: *Locke, Hobbes, Adam Smith,* die (nach dem Muster der Naturwissenschaften) den Kapitalismus als *natürlich,* in der Natur begründet, also notwendig sanktionieren und diese Begründung bis heute zur Glaubensfrage machen.[28]

Damit einher geht tendenziell heute die radikalere Zumutung an die Menschen, sich selbst in einem massiv-konkreten Sinn als Teil der Natur zu verstehen, sich der Natur ein- und unterzuordnen. Für den Naturalismus – ein Monismus – ist der Mensch kaum mehr als ein komplexes Stück Materie, ein Konglomerat aus Natur-Bausteinen, Zufallsprodukt der kosmischen Evolution, unfrei, weil vollständig Naturgesetzen untertan. Die Ansprüche des Menschen auf unantastbare Würde und Rechte lösen sich wie Fiktionen in Luft auf. Für Menschen, die an ihrem Schicksal leiden, wird die Perspektive hoffnungslos. Ihre Leiden gelten als Vorkommnisse im unaufhörlichen Werden und Vergehen, ihr Untergang als Tribut an das Überleben der Tüchtigen. In dieser Sicht wird auch ein Begriff wie Schicksal sinnlos, ein Phantom. Zurück bleibt das schiere Leiden von Menschen.

28 Kritisch dazu *Duchrow*, bes. 37-51

II. SCHICKSAL UND GOTTESGLAUBE IM CHRISTENTUM

Die zeitlose Not der Frage nach Gott

Dichter haben – wir sahen es bei den antiken Tragikern – vielfach Gabe und Beruf, die Nöte der Menschen einprägsam in Wort, Gedicht und Drama zu fassen. Schon altgriechische Dichter thematisierten elementare Gefühle, Fragen, Zweifel, Proteste der Menschen vor unverständlichem Leid und Unglück, die auch Menschen der Moderne als ihre eigenen – und so als zeitlos erkennen, selbst wenn sie ein christliches Gewand tragen.

Etwa *Georg Büchner* († 1837), der in einer Novelle dem kranken jungen Dichter *Lenz* ein Denkmal setzte. Das Beispiel Jesu nachahmend, will Lenz ein eben verstorbenes Kind vor der Verwesung retten. Doch sein Befehl „Steh auf und wandle!" wird nicht gehört, nicht erhört, die Leiche bleibt kalt. In Lenz entflammt darauf ein maßloser Zorn: „es war ihm, als könne er eine ungeheure Faust in den Himmel ballen und Gott herbei reißen und zwischen seinen Wolken schleifen". Denn – klagt er dem ihn betreuenden Pfarrer – „ich, wär` ich allmächtig ... und ich könnte das Leiden nicht ertragen, ich würde retten, retten"!

Den Dichter *Reinhold Schneider* († 1958) verstört der Fall eines jungen Priesters: Sein Tumor „wuchert fort, unheimlich schnell, genährt von der Jugendkraft des Leidenden" (1976, 142). Schneider, selber schwer krank, gesteht: „Von einem gewissen Grad an ist es nicht mehr möglich, das Leiden zu verstehen.

Die grausigen (fast würde ich sagen: tückischen), die unergründlichen Möglichkeiten der Quälerei, die in unserer Physis angelegt sind, über-fordern nachgerade meinen ärmlichen Glauben" (a.a.O., 210). So ist ihm auch „das Antlitz des Vaters ganz verdunkelt", er sieht stattdessen „die schreckli-che Maske des Zerschmeißenden, des Keltertre-ters; ich kann eigentlich nicht 'Vater` sagen" (a.aO., 119). Schneider erlebt in eigener Person den unheim-lichen Schauder *Hiobs*: Gott erscheint ihm wie ein grausamer Feind – man könnte auch sagen: erscheint wie in der Maske Satans.

Unerklärlich ist dem Dichter: der todkranke junge Priester „liest noch aus der scheußlichen Wuche-rung, die über seine Jugend hergefallen ist, Gottes Schrift"! (a.a.O.,143).

Sogar der kaum 24 Jahre alte *Georg Büchner* (nach eben bestandenem Arzt-Examen) sprach auf dem Sterbebett, so wird glaubhaft berichtet, ganz ruhig: „Durch den Schmerz gehen wir zu Gott ein! Wir sind Tod, Staub, Asche, wie dürften wir klagen?"

Aber der berühmte Kultur- und Religionsphilosoph *Romano Guardini* († 1968), in den letzten Lebens-jahren von vielen (auch neuralgischen) Leiden gequält, vertraute einem Besucher an, er werde bei Gottes Gericht auch selber Fragen stellen, Fragen, die ihm weder Bibel noch kirchliches Lehramt noch Theologie (auch nicht die eigene) habe beantworten können: „Warum, Gott, zum Heil die fürchterlichen Umwege, das Leid der Unschuldigen, die Schuld?"

Nicht nur in der klassischen Antike, auch in Neuzeit und Moderne lastet ein oft quälendes Dunkel über Göttern und Gott. Manche christliche Theologen der Gegenwart möchten deshalb die ganze Tradition umkehren:

An die Stelle der Rechtfertigung des sündigen Menschen müsse die Selbst-Rechtfertigung Gottes für die grässlichen Leiden seiner Geschöpfe treten: ein Letztes Gericht nicht über Menschen, sondern über Gott.

Wie über Zeus und sein Gefolge damals, sucht der moderne Mensch den Richterstuhl, um über den Gott des Christentums (und über andere Götter) Gericht zu halten. Kann aber aus dem Gerichtsverfahren der Theologen über Gott – fragen atheistische Beobachter – etwas anderes folgen als ... die Todesstrafe?[29]

Manche sehen eine Alternative darin, Leid, Schicksal, die Übel zu ´entübeln´ (*O. Marquard*) – nach dem antiken Motto „Lernen durch Leiden" oder durch Selbsttröstung: *Es hat alles sein Gutes!*, wie bei Dauerregen: *Die Natur braucht schließlich Wasser!*

Eine andere Alternative ist die Befragung der Bibel selbst, ob sich in ihr soviel ´Gottes-Weisheit´ findet, dass das Dunkel sich ein wenig lichtet.

---

29 Theodizee und Anthropodizee sind ´verlinkt´, wie schon *O. Marquard* zeigte: „Entlastungen – Theodizee- Motive in der neuzeitlichen Philosophie, in: Apologie, 11-32.

Wie kommt die Bibel zu ihrem Gottesbild?

Manche sehen hier allerdings keine Brücke. Zu verschieden seien biblisch-semitisches Denken von Geist und Denkform klassisch-griechischer Kultur. Biblisches Denken sei vieldeutig-verschwommen, das griechisch-lateinische aber klar, logisch. Doch ist diese Gegenüberstellung, wie wir sahen, schief, zumal wenn es um menschliche Grundprobleme geht. Auch war die klassische Kultur Athens und Roms zur Zeit des Neuen Testaments schon hellenistisch verflacht. Römische Intellektuelle – die Elite des Imperiums – suchten in altgriechischen Tragödien nicht die Probleme des Götterglaubens vor schicksalhaften Verwicklungen, sondern die Rhetorik und Sprachkunst.[30]

Andrerseits ist die Epoche von *Homer, Hesiod* bis zur griechischen Klassik zeitlich parallel mit Israels Schriftpropheten: Beide Regionen waren nacheinander mit Persiens Großmacht konfrontiert. Griechische Kolonien an Kleinasiens Küste bildeten früh eine natürliche Kultur-Brücke zwischen Hellas und Palästina: Manche griechische Götter sind orientalische Einwanderer. Mit den Ptolemäer- und Seleukiden-Reichen überzog griechisches Denken Jahrhunderte lang die schließlich römische Region Palästina, forderte Israels Glaube heraus, schuf theologische und religionspolitische Konflikte. Auch ist Volks- und Schicksalsglaube zäher und langlebiger, als es der theoretisierende Intellektualismus will.

Allerdings setzt das biblische Gotteszeugnis anders an als das griechische. Die Bibel bezeugt statt vieler

---

30 *von Haehling*, Voraussehung und Willensfreiheit, in: *ders.* (2005), 342

einen *einzigen* Gott (Dtn 5,6f; 6,4f); und dieser Gott ist nicht darum einzig, weil er ältere Götter entmachtete. Nie wird erklärt, es kommt nicht einmal der Gedanke auf, dass Gott und Mensch aus einer Wurzel stammten,[31] wie die Griechen glaubten. Biblischer Gottesglaube ist frei, hat sich gegen religiösen Druck der Nachbarvölker immer wieder behauptet und frei gemacht von Götter-Mythen, wie die alte Welt sie kannte, da er auf geschichtlichen Erfahrun-gen bestand und besteht.[32]

Für das Gotteszeugnis der Bibel gilt als fundamentales Geschichts-Datum der *Exodus* der Mose-Gruppe, deren gelungene Flucht aus dem Frondienst *Ägyptens* (der Ramessiden-Zeit zugeordnet).[33]

Die zehn Plagen, altbekannte Natur-Katastrophen Ägyptens, ebenso der mit knapper Not erreichte Durchzug durch das Schilf-Meer illustrieren das eigentlich Aussichtslose des Unterfangens, der Zwangsherrschaft des Pharaonen-Reichs aus eigener Kraft zu entkommen. Hier malt die Bibel Ereignisse, die für den Pharao, seine Militärmacht, die Bevölkerung schlimme Schicksale sind, für die kleine Schar der Flüchtlinge aber gute Fügungen zur rechten Zeit. Nicht auf dem Wie (wie das alles geschehen konnte, historisch-technisch gefragt)

---

31 Die Aussage Gen 1,27ff von Erschaffung des Menschen nach Gottes Bild und Gleichnis begründet keine Wesensverwandtschaft, sondern beinhaltet die freie Erwählung und Berufung des Menschen durch Gott: vgl. Gen 5,1ff; 2Sam 7,14; Ps 2,7ff. Zum Ganzen *O. Loretz,* (1967), 62ff.

32 Damit ist nicht gesagt, der biblische Glaube enthalte keine mythischen Elemente.

33 Zum Folgenden: *Deissler,* 78-81

liegt das Augenmerk, sondern auf der *Rettung*. Die gegen alle Wahrscheinlichkeit glücklich Entronnenen schreiben ihre Rettung nicht der *Tyche* zu, dem „zufälligen Glück" der Spät-Antike, vielmehr nennen sie – *auch* wegen der Reihe günstig gefügter Umstände – die Quelle für Durchkommen und Rettung JHWH. In diesem Namen, sinngemäß übersetzt, vereinigen sich Bekenntnis und Dank: „Er hat sich erwiesen", „Er war da bei uns, mit uns"! Die Erzähler beziehen sich auf eine besondere Gottes-Erfahrung, bekennen einen Gott, der sich nicht in der Natur oder einem ihrer Rhythmen bekundet. Dieser Gott bezeugt sich ´im Anfang`: nicht schon im Anfang der Welt, sondern im Anfang seines Handelns, seines Retter-Handelns. Der Exodus zeigt ihn als göttliche Macht, von Wesen Helfer und Retter der Schwachen, Bedrängten, als *Lebens*-Macht gegen Todes-Mächte. Der Name *Jahwe* (Ex 3,14) [34] ist dynamisch, meint seinen Selbsterweis als erbarmend-rettendes *Da-sein für* die Bedrückten. In der Offenbarung an Mose betont dieser Gott, er habe die Unterdrückung gesehen, die Klagen der Unterdrückten gehört, er *kenne* deren Leid und sei (vom Himmel) herabgefahren, um sie zu retten (Ex 3,7-8). Mose, den er zu ihnen schicken will, versichert er: „Ich bin da *mit* dir" (v 12). Diese dem Mose gegebene Zusage wiederholt und erweitert er im Auftrag: „Der Ich-bin-da [oder: Der Ich-werde-da-sein] schickt mich zu euch" (vv 14-15). Gott als Da-sein-für die Bedrückten. Indem dieser Ich-bin-da-mit-euch Mose zur Befreiung *schickt*, wird dieser JHWH-Gott über Mose als Mittler zum *Schicksal* der Rufenden, zum guten,

---

34 In Ex 3,14 wird JHWH dem Verb היה = *da-sein, -werden* zugeordnet: eine auf Gottes-Erfahrung gegründete, also *theologische* (nicht linguistische) Deutung des ´Namens`.

rettenden *Geschick* der Unterdrückten. Der Gott Israels bzw. der Bibel offenbart sich als Retter aus Schicksalsnot und gutes Geschick der Kleinen, der Opfer der Mächtigen, der Sklavenhalter.

Diese Sicht hat entscheidende Konsequenzen für die Geschichte Israels als Bundesvolk wie für die Geschichte der Kirche. Da *Geschichte* und *Geschick* im Deutschen dieselbe Wortwurzel haben, kann man sagen: Die *Geschichte* des alten und des neuen Gottesvolkes ist wesentlich bestimmt durch JHWH, den da-seienden und mit-seienden Gott, der sich ihnen immer wieder zu*schickt* als Ohr, als Anwalt, als Erlöser (*goʾel*) und Retter der Schwachen und Bedrückten.[35]

Während die mythisch geformten Religionen der Alten Welt tendenziell die Regenten und Mächtigen der jeweiligen Staaten stützen, fällt der Glaube an JHWH aus diesem Rahmen. JHWH ist von jeher der Gott der Armen, Bedrückten, der kleinen Leute – Gott der Großen, der Könige nur insoweit, als diese sich bereitfinden, sich diesem Gott des Erbarmens und seiner Tora als Knechte und Werkzeuge zu unterstellen (vgl. 2Sam 7). Dieser Gott beurteilt und führt die Geschichte Israels nach dem JHWH-Konzept hinauf und hinunter, behält aber die anderen Völker im Blick. Das von Gott gemeinte und gewollte gute Schicksal Israels und der Völker, das Heil (*šalom*), kann dabei sowohl als ungebrochener Anfangszustand wie als Ziel und tröstender Endzustand erzählerisch-belehrend vor Augen geführt werden.

Führend bleibt aber die Perspektive der Bedürftigen (*ʾnijjim*). Die Ägyptens Sklavenhaus Entronnenen

---

35 Zur grundsätzlichen Eigenart biblischer Geschichtsauffassung s. *Zenger*, 124-127

reagieren unmittelbar-betroffen auf ihre Rettung, geben spontan Echo, dankbare Antwort dieser Art:

Er griff aus der Höhe herab und fasste mich,
zog mich heraus aus gewaltigen Wassern.
Er entriss mich meinen mächtigen Feinden,
die stärker waren als ich und mich hassten
(Ps 18,17f; vgl. Dtn 26,5ff EÜ)

So redet Betroffenheit (nicht neutral-distanzierte Erwägung) in Menschen, denen in einer Ausnahme-Situation ihres Lebens etwas Einmaliges widerfahren ist, das ihr Dasein neu begründet.[36]

---

36 Die Erzählung Ex 14 verweist zwar auf Geschichte, ist aber zugleich bekenntnishaft mit Elementen von Gen 1 so gestaltet, dass sie Gottes Rettungs-Macht über Todes-Mächte in Form von „Gedenken" vergegenwärtigt für die Gemeinde. Sie fordert Menschen, gestellt vor *sie selber* - nicht Vorfahren - aktuell bedrohende Todes-Mächte, auf, *sich* diesem Retter-Gott anzuvertrauen. Der Aussage-Sinn solcher Texte ist also nicht primär historisch: *G. Steins,* Den anstößigen Text vom Durchzug durchs Schilfmeer (Ex 14) neu lesen: Bibel und Kirche 4/2007, 232-237.

„Gott" und *„Glaube"* in der Bibel

Aus dieser Erfahrung nahmen die glücklich Entronnenen die Berechtigung, die Rettungs-Macht „Herr" zu nennen. Sie wussten um die Gottheiten der anderen. Doch war dieser Anfang eine neue *Erfahrung.* Ganz anders und neu ging ihnen auf, was und wer „Gott" ´ist`, wie er sich bekundet. Sie buchstabierten das Wort *neu,* artikulierten ihre Erfahrung genau. So wurde ihnen JHWH zu einer in Bildern und Statuen nicht fassbaren, machtvoll-neuen Erfahrung:

Wer ist wie du unter den Göttern, o Herr?
Wer ist wie du gewaltig und heilig,
gepriesen als furchtbar, Wunder vollbringend?
(Ex 15,11 – Mose-Lied EÜ)

Sie erkannten in JHWH ihr *gutes* und *treues* Schicksal. Zugleich wussten sie sich durch Ihn verbunden zu einer neuen Erfahrungs- und Erzähl-Gemeinschaft.

Sie erfuhren sich von ihrem Lebensretter neu ins Leben gehoben, ihre Gemeinschaft als *neues Leben* und Den, der sie begründet, als *Quelle* und Geber von Leben. Darin eingelagert – deshalb der ´Name` JHWH – empfingen sie die Gewissheit. So wie Er sich hier erwies, kann und wird ER sich auch anderswo, heute und morgen erweisen, weil sie so Seine *Art* erkannten: Der da war, da ist und da sein wird (יִהְיֶה) *treu-zuverlässig, unbegrenzt und Grenzen überschreitend, ausschließlich (nur ER!), aber unverfügbar (mit Seiner Freiheit dürft ihr nicht kalkulieren, doch dürft ihr euch auf Ihn verlassen).*

Inmitten eurer Schicksale ist ER da und wird da sein bei euch, *bleibende Gegenwart* unter nicht voraussehbaren Gestalten.[37]

Doch unter *dieser* Bedingung: Da ihr nun Mich erfahren habt, wendet euch keinen anderen Göttern zu (Dtn 5,7), die euch womöglich Leben, Freiheit auch verheißen, in Wirklichkeit aber wieder rauben würden, Freiheit, die Ich euch verschaffte und gewähre: *„Ich bin JHWH, dein Gott vom Lande Ägypten her, und einen Gott außer mir kennst du nicht, einen anderen Retter gibt es nicht"* (Hos 13,4). Leben und Freiheit, die Ich euch schenke, sollt ihr einander zuwenden als Gesetz, als Lebensordnung eurer Gruppe! Bezeugt sie als solche vor aller Welt: Ich mache dich, du kleine Schar, *„zum Licht für die Völker, damit meine Rettungstat da sei* (לִהְיוֹת יְשׁוּעָתִי) *bis an die Grenzen der bewohnten Welt!"* (Jes 49,6/eig. Ü).

Die neue Beziehung *betroffener* Menschen zu *diesem* Gott, zu JHWH nennt die Bibel *Glaube*.[38] Sie versteht darunter kein bloßes Meinen, Für-wahr-Halten. Das hebräische Verb *he`emin* für *glauben* ist Teil eines Wortverbunds, wie im Deutschen *trauen*, Vertrauen,*Treue*. Das Wort meint *sich fest-machen, Stand nehmen (in JHWH)*.[39] Doch ist das noch nicht der Vollsinn. Was die Bibel mit Glaube meint, ist neue Lebens-*Praxis* der Betroffenen, der Geretteten *als* Befreite, als zu sich und zueinander Befreite (gemäß Dtn 5,15ff). Auf *Praxis* (nicht bloß Theorie) zielt das Beharren auf der den Menschen

---

37 *Buber,* Moses, 63ff; (1950), 47-50.-

38 Dazu etwa *A. Deissler,* Ich werde mit dir sein (Freiburg u.a. 1969), 67-74; *ders.,* Ich bin dein Gott, der dich befreit hat (Freiburg u.a. 1975), 67-71

39 *Deissler* (1969), 71ff; *ders.,* (1995/2006), 169ff;

bis in die Wurzel fordernden *Treue,* Anhänglichkeit an JHWH (Dtn 6,4f) und seine *zehnfache Weisung:* monotheistische *Praxis* aus ungeteiltem Herzen der aus Schicksals-Ängsten Befreiten (zB. Dtn 4,29; Ps 107,6.13 u.a.).

Daran hängt die Erfahrbarkeit *dieses* Gottes JHWH in der Welt: der Mensch, ´Gottes-Bild` *als* lebendige Gemeinschaft der Befreiten, von Gott aus dem National-Tod ´Auferweckten`, die *IHN* als *Lebens-* und *Sinn*-Therapie den Völkern offenbaren. Als von Ihm *Geschickte* werden sie selbst zum *Schicksal* für Menschen und Völker (im Guten wie im Schlechten). Das Zeugnis Israels setzt sich fort in der Sendung der *Kirche.*

Glaube und Geschichte

Das ist indes idealtypisch formuliert, in der Geschichte Israels wie der Kirche nur anfangs- und bruchstückhaft, also nicht eindeutig verifiziert. Wer heute die Bibel mit wachen Augen liest, weiß, dass sie Heils-Geschichte erzählt, die Erzählung aber nicht einfach Profan-Geschichte spiegelt. Biblische Heilsgeschichte setzt zwar Profan-Geschichte voraus. Diese ist aber aus dem Text nicht immer eindeutig rekonstruierbar. Zwar wird des Auszugs aus Ägypten bis heute im *Pessach*-Fest der Juden wie auch in der *Oster*nacht der Christen gedacht. Er ist auch Pfeiler der Tora und ihrer Auslegung.[40] Doch lässt sich weder ein sicheres Datum für den Auszug angeben, noch gehen der Name des Pharao oder Lage und Identität des „Schilf-Meers" (Ex 13,18; 15,22) aus den Texten hervor.

Der moderne Historiker findet das misslich, weil ihm der Theologe versichert, dass große Geschichtsereignisse auch tief auf Israels Glauben und Glaubensverständnis einwirkten.

Doch ist es im Prinzip im klassischen Hellas ähnlich. *Homers* Epen fußen auf dem Achäer-Zug gegen *Troja* und spiegeln zugleich die Religion des altgriechischen Volkes. Dieser Kriegszug lässt sich aber aus der *Ilias* nicht historisch eindeutig ablesen; dennoch bestimmte er die Vorstellung von den Göttern. Umgekehrt beeinflussten die Perser-Kriege die danach zunehmenden Hegemonie-Konflikte der griechischen Stadtstaaten, die zum Peloponnesischen Krieg führten, der im Verein mit der Pest den politischen und kulturellen Niedergang Griechen-

---

40 Siehe Dtn 5,15ff; *J. Petuchowski,* Artt. Pessach; Sabbat, in: *ders., / Thoma*, Lexikon

lands bewirkte. Diese politischen Konflikte wirkten wiederum stark auf die Auseinandersetzung mit der religiösen Tradition und deren kritische Verarbeitung in den großen Tragödien und der Philosophie. Aber keineswegs spiegeln sich Krieg und Politik einfach in Dichtung oder Philosophie. Von *Aischylos* ist zwar bezeugt, dass er bei *Marathon* und *Salamis* persönlich mitkämpfte. Doch sein Drama *Die Perser* spiegelt nicht Erlebnisse des Zeitzeugen, sondern ist etwas Eigenes: Deutung des Ganzen aus dem religiösen Fundament griechischer Tradition.

Auf den Punkt gebracht, lautet sie: *Im Anfang war die Hybris* (des *Xerxes*)! Obwohl die Götter die *Perser* dafür bestraft, die *Griechen* hatten siegen lassen, lässt aber dann derselbe Dichter den gefesselten *Prometheus* rufen: „Die Götter hasse ich alle!" (zumal den „allein freien" Weltherrscher Zeus), denn sie vergelten Wohltun mit Übeltun (Prom. 975f). Ein solcher Ausruf konnte sich nur aus der inneren wie äußeren Auseinandersetzung Athens mit persischer Despotie, aber auch mit der Staatsform der Tyrannis (*Peisistratos / Hieron von Syrakus*) ergeben. Da sich aber für die Antike im irdischen Zustand der himmlische spiegelt („wie im Himmel, so auf Erden"), war in der Kritik der Politik auch die Kritik des Himmels angelegt. Zeus hatte zwar die Hybris der Perser mit der Niederlage bestraft, also Gerechtigkeit walten lassen. Doch konnte dieser Glaube die Zweifel nicht ausräumen, ob göttliche Gerechtigkeit den Weltlauf und das Menschenleben dauerhaft bestimme oder ob die Götter in der Realität eher Parteigänger der Erfolgreichen und Sieger waren.[41]

Zurück zur Bibel: Auch die Exodus-Erzählung ist, wie andere Erzähl-Texte der Bibel, etwas Eigenes. Darin sind nicht einfach historische Abläufe dokumentiert, es sind von Erfahrung bewegte Zeugnisse des Glaubens, Produkte gläubiger Erfahrung. Fragt man strikt historisch, sind Israels Anfänge wenig spektakulär. Anscheinend siedelten anfangs Gruppen von Hirten-Nomaden, die der Tauschhandel nicht mehr ernährte, im westjordanischen Bergland, wurden Bauern, entwickelten durch allmähliche Abgrenzung von Städtern und ostjordanischen Siedlern eine eigene Identität, zu der die Exodus-Überlieferung und der Ein-Gott-Glaube relativ spät hinzu traten.[42]

Doch Archäologie allein kann die Entstehung des israelitischen Gottesglaubens, der uns zur Zeit Jesu in hoch entwickelter Gestalt entgegentritt, nicht klären. Hört man etwa die frühen Propheten, wird deutlich: sie mahnen ein vorstaatliches Gruppen- und Sippenethos als befreiende *Gabe* des Retter-Gottes an, das durch zunehmende Verstädterung mit Übernahme profanstaatlicher Wirtschafts- und Gesellschaftsstrukturen massiv bedroht erscheint. Der Prophet *Micha* wendet sich am Ende einer bitteren Klage über den Niedergang sozialer Verantwortung und Auflösung der Volksgemeinschaft an

41 Nach dem Sieg über die Perser beanspruchte *Athen* die Gunst der Götter vorzüglich für die eigene Polis und versuchte, daraus einen religiös-politischen Primat abzuleiten, der zurückgewiesen wurde, die herkömmliche Religion diskreditierte und zu Krieg und Zerfall führte: s. *Nilsson*, 78-82. Einen kurzen Überblick über den staatsideologischen Charakter antiker Religionen bietet *Bock*, 17-21

42 Vgl. *Finkelstein/Silberman,* bes. I 4, *Bock,* 26-66.

den Gott meiner Rettung (אֱלֹהֵי יִשְׁעִי : Mi 7,7), der die Sozialrechte als Gottesrecht verkündet. Hier wird die Kern-Überlieferung von Israels Gottesglauben angerufen, auf die der Gläubige in Not immer wieder zurückkommt (vgl. Ps 18,47; 27,1.9 u.ö.).

Als ca. 1000 v.C. der Glaubensverband Israel Staats-Charakter mit einem König an der Spitze annahm, kamen alsbald Propheten ins Spiel: Hof- und Kult-Propheten, aber auch okkasionelle Wort-Gottes-Verkünder, wie die uns bekannten, die sich als Warner und Mahner im Auftrag von Israels Gott verstanden, bei den führenden, die öffentliche Meinung beherrschenden Schichten aber nur geringe Resonanz fanden, zumal für ihre in Gottes Namen ausgesprochenen Drohungen und Unheils-Botschaften, die nach Ansicht der ´modern` Denkenden die Verhältnisse schlecht redeten und in Widerspruch zu Gottes Treueverheißungen standen. Die echten Propheten, die nicht als ´Gesundbeter` der jeweiligen Politik auftraten, vertreten das JHWH-Prinzip und suchen ihm Geltung zu verschaffen. Ihre Kritik gilt primär Königen und privilegierten Schichten, weniger dem einfachen Volk, das ja häufig Opfer der politisch-wirtschaftlichen Umwälzungen ist. Was sie fordern, ist Wiederherstellung des Solidar-Ethos der Väter, eine Pflicht des Staatsoberhauptes. Überall im Alten Orient hatte der Herrscher ja für das Volk einzutreten; der König, „Abbild" des jeweiligen Staatsgottes, empfing mit der Macht des Gottes Auftrag, sein Amt zum Wohl der ihm anvertrauten „Herde" auszuüben.

Dass Israel andererseits, zum Staat geworden im Konzert der Mächte, der sogenannten Staatsräson und deren Zwängen (militärische Stärke, Expansionsstreben, Koalitionspolitik, Profit-Orientierung,

Uniformitäts-Druck nach innen, Beherrschung des Justiz-Wesens u.a.) sich nicht einfach entziehen konnte, liegt auf der Hand. Wie geschlossen das Staatssystem gewesen sein muss, ersieht man daraus, dass die uns bekannten Schriftpropheten kein offizielles Amt bekleideten, vielmehr meist einfache Leute waren, die frei, ohne Auftrag, auf persönliches Risiko intervenierten und das Gottesrecht reklamierten. Der Staat, Israel wie Juda, agierte ohne institutionalisiertes Korrektiv (zB unabhängiges Justizwesen).

Die Problematik machen auch die biblischen *Schöpfungstexte* sichtbar. Sie stammen aus der Königszeit, spielen an auf deren Geist und Probleme. So bedeutet *Adam* in Gen 1,26ff das Kollektiv Mensch und spiegelt die Staatsgesellschaft in Regie des Königs. Dazu tritt Gen 1,28f, die Berufung des *Adam* zum Herrscher in Schöpfers Namen (*rex socius* – vgl. Ps 8,5ff). Seine Herrschaft über Volk und Land soll *nicht ausbeuten*. Das zeigt auch die Präzisierung im älteren Text Gen 2,15: Gott setzt den Adam in den Garten, dass er ihn *bearbeite* und *bewahre*. Die Bestimmung, *Adam* solle die Erde *als ein Lehen* sorgend bewahren, hatte auch damals gesellschaftlichen, politisch-ökonomischen Hintergrund.

Nach Salomos Tod zerbrach ja die königliche Personalunion der beiden Reiche Nord und Süd.

Propheten in Nord und Süd kritisierten die nun folgenden, miteinander rivalisierenden Regenten, Beamten, profitorientierten Oberschichten – mit wenigen Ausnahmen – als ebenso gottlos wie unsozial. Dass Assur und Babylon beide Reiche zerschlugen, erschien als zwangsläufige Folge ihres inneren, religiösen wie sozialen, Zerfalls.

So bildete sich zunehmend die Erwartung eines von Gott gefügten Neuansatzes: Hoffnung auf einen aus dem *Isai*-Trieb hervorwachsenden gottgefälligen, gerechten König, der JHWH verkörpere (Jes 9 + 11). Da nun aber neue, expandierende Großmächte wie die hellenistischen Diadochenreiche die jüdischen Lande besetzten, rückte diese Erwartung mehr und mehr in die Zukunft – erst recht, als die nach dem Makkabäer-Aufstand errungene Freiheit unter den Hasmonäern abermals enttäuschend endete und die neue Weltmacht Rom den Freiheits- und Königsträumen Judas eine vernichtende Abfuhr bereitete.

Glaube als Opfer der Macht und der Mächtigen

Nach antiker religionspolitischer Logik waren mit dem besiegten Staat auch seine Götter besiegt, es herrschten die Götter der Siegermacht und verlangten, dass man ihnen opfere. Nach aller Erfahrung aber waren die fremden Götter den kleinen, politisch machtlosen Leuten des Volkes feindlich gesinnt, belohnten und verwöhnten die ausbeuterische, die Habenichtse versklavende Klasse der Herren. *Hiob*, der Typ des Frommen, den seine Glaubenstreue nicht davor bewahrt, dass ihn Übel um Übel trifft, er durch ´höhere Gewalt` alles Hab und Gut, die ganze bisherige (!) Lebensgrundlage verliert, klagt schließlich, Gott behandle ihn gnadenlos wie den Anhänger der falschen Partei: „Warum verbirgst du dein Gesicht und hältst mich für einen Feind von dir?" (13,24; 19,11; 33,10). Gott habe *sich in etwas Grausames verwandelt* (30,21). Das hat zweifachen Sinn: grausam erscheint dem Habenichts die Gottheit der herrschenden, unterdrückenden Fremdmacht; grausam aber auch der „Gott der Väter", der, den Propheten zufolge, die gnadenlose neue Ordnung verfügte oder *zuließ.*

Das Buch Hiob mit dem Prototyp des unschuldigen Leidtragenden, der seine „Existenz" einbüßt und nach Gottes Gerechtigkeit fragt – er verkörpert Israel, das trotz Totalverlust seines Landes sich fragend-zweifelnd an den „Gott der Väter" hält –, ist typisch für die nach Verwüstung, Verbannung, Ausbeutung, sozialer Kälte und Unfreiheit ausbrechende Gottesfrage der verbliebenen Gläubigen.

Zwar traten im Exil auch Propheten auf, die Gottes Erbarmen und Israels künftiges Heil ansagten (*Kyros* gar als „Messias": Jes 45,1f). Doch das Vertrauen in den Gott der Väter, den Retter-Gott, wurde in der Folgezeit vielfach beschädigt. Man hatte den zerstörerischen „Zorn" dieses Gottes kennengelernt (Jes 5,25; Jer 4,4.26; Zeph 1,14-2,3 u.ö.). Zweifel grassierten, ob dieser Gott seinem Volk noch treu, noch gnädig war, sein ursprünglicher Heils- und Rettungswille noch galt, ja ob er im brutalen Schachspiel der Welt-Mächte überhaupt *noch Macht* und Einfluss hatte. Allmächtig?

War er vielleicht Diener eines fremden Gottes geworden, hatte sich in dessen Dienst verwandelt in einen Räuber und Ausbeuter Israels? In einen Gott, dem Einzelschicksale, die kleinen Leute gleichgültig sind, den es nicht interessiert, wer schuldig, wer unschuldig ist, wer gerecht, wer sündig? Gott war fremd und dunkel geworden mit seinem Zorn-Gesicht, hatte dem Bundesvolk gar die Tora, die Lebensgrundlage, geraubt.[43]

Schon *Amos* hatte Israel drohend bedeutet, es sei kein Unheil in der Stadt [*Samaria*], das nicht JHWH gemacht habe (3,6). Das Ende sei gekommen für „mein Volk Israel", fügt er an, Gott werde ihm aller Wehklage zum Trotz nicht mehr vergeben (8,2). *Hosea* droht, Samaria müsse seine Untreue büßen, seine Männer würden vom Schwert hingeschlachtet, Säuglinge zerschmettert, Schwangeren der Bauch aufgeschlitzt (14,1). Bei *Ezechiel* droht JHWH in seinem Zorn, Jerusalem werde ausgehungert, zur Steppe für Raubtiere gemacht, er werde ihr die Pest schicken, Mensch und Vieh auszurotten (Ez 14,13.15.19). Die Pest, wie in griechischer Antike,

---

43 Siehe auch *Veerkamp*, bes. 199-210

ein von Gott verhängtes *Schicksal.* Man könnte die Beispiele vermehren. Mögen die Drohbilder auch zum stereotypen Repertoire prophetischer Gerichtsdrohung gehören, hatten die Menschen doch vieles davon real-konkret erlebt. Darf man diese Texte auch nicht isolieren, da die Propheten den Unheils-Prognosen Gottes Heils-Absicht an die Seite stellen, interessieren hier die Menschen und ihre Nachkommen, die direkt Betroffene, (Mit-) Opfer jener furchtbaren Unheils-Ereignisse waren. Für viele muss Gottes Gerechtigkeit ein unlösbares Problem, muss das Gottvertrauen erschüttert, ja zunichte geworden sein.

Dies umso mehr, als nach dem Unheil, das über das Erwählte Volk gekommen war, auch die Propheten in der Beurteilung der Geschehnisse nicht einig waren: Bedeuteten sie Gottes völligen Bruch mit dem mit den Vätern geschlossenen Bund (Jer, DtJes) oder wird Gott trotz allem an ihm festhalten (Jes)?

Unsicherheit im Blick auf Gott äußerte sich auch in den damals aufkommenden *Weisheits*-Schriften.

Ein (vielleicht noch vorexilischer) Autor von Spruch-Weisheiten hält zwar fest, in der Welt herrsche Gottes gerechte Ordnung (16,5ff) und ein Mensch, der leidet, müsse den Grund dafür in seinem gottwidrigen Verhalten suchen; er solle sich bewusst halten, dass zwar jeder sündige, aber auch zum Selbstbetrug neige, Gott jedoch unbestechlich sei (Spr 20,9; 16,2.25; 19,3.23; 21,2).[44] Doch stößt der *Prediger* wieder auf das alte, auch den *gojjim* bekannte Problem: „Ein Sünder kann hundertmal Böses tun und doch lange leben" (Koh 8,11). Skeptisch geworden im Blick auf die *gott*gestiftete Tun-Ergehens-Ordnung, zornig über das inhumane

---

44 Vgl. *Kaiser,* 74-89

Regime, dem er ausgeliefert ist, treibt es ihn zu resignierender Erkenntnis: „Zeit (עֵת) und Geschick (פֶּגַע) treffen sie alle" (Koh 9,11). Gott habe zwar die Zeiten für alle Dinge und Bemühungen bestimmt, doch Menschen die Einsicht in diese bestimmten Zeiten vorenthalten (so erscheinen sie ihnen oft nur als böse Zufälle oder unverständliche Strafen).

Gott habe es so gefügt, damit der Mensch ihn (מִלְּפָנָיו) fürchte (Koh 3,14).

Der hebräische Ausdruck für „ihn" enthält eine wichtige Nuance. Das Wort *panīm* (ein Plural), das hier für „ihn" steht, besagt buchstäblich *Wenden, Gesichter.* Wörtlich sagt der Vers also: damit der Mensch sich scheue vor Gottes „Gesichtern".

Er meint also die unerwarteten, fürchterlichen Gott-Gesichter, die im Menschen Furcht vor ihm erzeugen. Ein uralter Anteil der auch in gläubigen Menschen sitzenden Furcht vor Gott ist die, dass „sich der Gott des Schicksals vor den Gott des Gesetzes und der Schöpfung stellt"[45] – wohl die häufigste Furcht,, die sich gläubigen Menschen bis heute im Lebenslauf aufdrängt.

Sie ist für *den Prediger* unlösbar verknüpft mit den herrschenden Verhältnissen, die der Mensch nur hinnehmen könne: „Es kommt, wie es kommt" und „Gott macht, was er will". So erleben es elementar die Gläubigen des Ersten Bundes angesichts der Katastrophen, die sie überwältigen. Wenn sie im jährlichen *Pessach*-Fest den *Exodus* anamnetisch feiernd vergegenwärtigten, konnten sie den Sinngehalt des Festes – das Geschenk der Freiheit durch den erbarmend tätigen Gott – an der aktuellen Realität oft nicht verifizieren. Bis heute gehört zwar das berühmte 37. *Ezechiel*-Kapitel (Auferstehungs-

---

45 *Kaiser, 59*

Hoffnung für Israel) zu den *Pessach*-Lesungen der Synagoge. Doch schien dieser Gott sich gewandelt oder einen bösen Nachfolger gefunden zu haben.

Nach dem Untergang Israels und Judas hatten die Gläubigen im Grunde *zwei* Alternativen. Die eine: der Glaube an den Gott-Retter war durch die politischen Ereignisse falsifiziert, es kam nun darauf an, sich in der Welt anders zu orientieren, das heißt, ohne den Glauben an JHWH - Gott als „Herrn der Geschichte". [46]

Der makedonische Eroberer *Alexander* hatte die Völker des Orients ja mit einem Typ von Mensch konfrontiert, „der tun wird, was ihm beliebt" (vgl. Dan 11,3): Er löst den gordischen Knoten, indem er ihn entzwei schneidet; erobert die uneinnehmbare phönizische Stadt Tyrus durch Aufschüttung eines Damms (also ohne Respektierung der Schöpfungsordnung); er eignet sich die Würde des orientalischen Großkönigs und die Macht des Weltherrschers an, gar die Berufung zum verehrungswürdigen „Gottessohn" (Sohn des *Amun -Ammon-Zeus*) in Nachfolge der Pharaonen. Er praktizierte eine ungeheuerliche *Hybris*, die die Götter zuließen (zulassen mussten?). Zwar erschien Alexanders früher Tod als Sühne. Doch hatte er da die Welt schon unumkehrbar verändert und mögliche Nachfolger fasziniert. Alexanders ´Gottesherrschaft` zeigte sich nämlich weniger in der Fürsorge des Hirten für das

---

46 Was Satan bei Hiob erreichen will und bei dessen Frau auch erreicht (Hi 1,11; 2,6.9). Im 20. Jh. habe Israels Gott dieses Attribut wegen Auschwitz, das „Niedagewesene", eingebüßt; *Jonas* (1987), 10-14. Radikale Zweifel am überlieferten Gottesverständnis setzten aber schon in vorchristlich-hellenistischer Zeit ein: „Durch Zufall sind wir geworden, danach werden wir sein, als wären wir nie gewesen" (Wsh 2,2 – ca. 1. Jh v.C.).

Volk (als Statthalter Gottes) als in den Bestrebungen, die Oberschichten der Völker zu assimilieren, die Unterschichten aber – das sich abmühende, gemeine Volk – niederzuhalten, eine Politik in anmaßendem Stil, die die Diadochen fortführten. Die gottgleiche Verehrung („Epiphanes" = Erscheinung Gottes), die Alexander und die Nachfolger, später auch römische Cäsaren forderten, war die Krönung der Staatsräson. Sie sollte vor allem ihre Politik und ihre Gesellschaftsordnung als gottgewollt-unveränderliche Weltordnung – die Neu-Schöpfung der Welt als *Schicksal* – in die Gemüter ein-schreiben. Für die kleinen Leute Israels wurde der „Gott der Väter" dem unverständlich-willkürlichen, *winners* belohnenden, *losers* grausam niedertreten-den Schicksal und Verhängnis ähnlich, das die hellenistische Weltsicht beherrschte.

Glaube und Umkehr

Alternativ dazu empfahl sich das Bemühen, das überlieferte Gottes-Verständnis im Kontext der Ereignisse zu erneuern, zu erweitern, zu vertiefen. Aufbauend auf Hinweisen von Propheten wie *Jeremia* und *Ezechiel* entdeckten die Nachdenklichen: Israels Unfreiheit und Verlust des Landes kann auch anders verstanden werden, statt als Ausdruck eines blinden Schicksals oder eines willkürlich-grausamen Gottes. Unfreiheit und Versklavung Israels durch Babylon und Persien – so die alternative Sicht – spiegle genau den inneren Zustand Israels vor der Katastrophe. Die Starken, die Gewinner, Profiteure hatten ihre eigenen Brüder und Schwestern massenhaft in gnadenlose Schuldknechtschaft getrieben.

Als nämlich Nehemia (*N^{e}chemja*), der jüdische Emissär in persischen Diensten, nach Jerusalem kommt, wird er mit dem „lauten (Protest-) Geschrei" des Bundesvolkes (*ha 'am*) konfrontiert: gewohnheitsmäßig werden Menschen samt Familienangehörigen von den eigenen jüdischen Brüdern unbarmherzig versklavt – in krassem Widerspruch zu Gottes Anordnungen im Bundesbuch (Ex 21,2-11; 22,20-26) und im Heiligkeitsgesetz (Lev 25), die unter Gottes Segen und Fluch festgeschrieben sind (Lev 19,11-15; 26) und an die *Jeremia* unermüdlich warnend erinnert (Jer 11;25; 34,8-22). Gottes Grundgesetz für Israel versteht sich ja als Konsequenz aus Gottes Rettungstat, der *Erschaffung* Israels durch die Befreiung aus ägyptischer Knechtschaft (Lev 25,42f; Ex 22,20). Mit der jetzigen Unfreiheit in der Fremde arbeite Israel seine Schuld ab; die Exils-Zeit gewähre dem Land eine Brachzeit anstelle der Brache, die man vor dem Exil nicht gewähren wollte (Lev 26,34f.43; 2Chr 36,20f; Dan 9,24).[47]

Propheten wie *Habakuk, Jeremia, Ezechiel* stellen zudem klar: Gott straft nicht die Lebenden für die Sünde der Toten; er straft individuelle Vergehen und nur die Verantwortlichen. Bei alldem wolle er das Leben, nicht den Tod der Menschen (Jer 31,29f; Ez 18,1-4. 30ff).[48] Die Lebensgarantie der Gerechten – der „Bewährten", die die Tora praktizieren – ist die Treue zu Gott (*Emunah*: Hab 2,4), die sie in gewissenhafter Solidarpraxis erfüllen.

Der unter dem Namen *Sacharja* überlieferte Prophet macht den Zweiflern Mut mit der Ansage eines künftigen Königs, der ein „gerechter" (dem Gemeinwohl verpflichteter), auf die Hilfebedürftigen schauender, demütiger Friedenskönig sei – Gegentyp zu den hellenistischen Herrschern. Die Evangelisten sehen ihn in Jesus gekommen (Sach 9,9f; Mt 21,5; Joh 12,15).[49] Ein anderer Prophet wendet sich direkt an die Rechtlosen, Ausgebeuteten ('*anijjim*): Gott schicke sich an, die zerbrochenen Herzen zu verbinden, den gefangen Weggeführten Freilassung und den Gebundenen Lösung zu verschaffen (Jes 61,1f).

Diese Befreiungs-Botschaft erfordert allerdings die Umkehr, die Herzens-Öffnung der Angesprochenen, zumal der Entscheidungsträger, zu Gottes Lebens-

---

47 Ausführlich zu diesen Zusammenhängen *Kippenberg*, bes. Zweiter Teil IV !

48 Allerdings sprechen Jer u. Ez dabei das „Haus Israel" u das „Haus Juda" an, isolieren also den Menschen nicht individualistisch aus seinem gesellschaftlichen Kontext. Dazu später mehr.

49 Informativer Überblick bei *Knauf*, 167-180

gesetz. Doch wie soll die Hoffnungsbotschaft wahr werden, wenn jahrhundertelang immer neue Wellen der Untreue das Gottesvolk erfassten?

Die Propheten kommen zu dem illusionslosen Grundsatz-Urteil (das *deuteronomistische Geschichtswerk* stimmt bei), Israel sei von jeher *unfähig*, dem Bundesgott die Treue zu halten, Gott selbst habe sein Volk überfordert (Jer 13,23; Ez 20,25f; Jos 24,19). Aber Gott werde einen neuen Bund schließen mit dem Volk und ihm von seinem Geist geben, damit es den Bund auch verstehen und in die Tat umsetzen könne (Jer 31,31-34; Ez 36,25- 31). Darin liegt nun die Zusage, Gott werde seinen Retter-Willen erneuern, dem untreuen Volk seine rettende Kraft ins Herz legen und es so befähigen, die bösen Schicksale der Vergangenheit hinter sich zu lassen.

Gott oder Satan?

Parallel dazu bahnt sich eine weitere Änderung im jüdischen Gottes-Denken an.

Seit *Kyros`* Sieg über *Babylon* (539 v. C.) bis zu *Alexanders* Eroberung (333 v.C.), also gut 200 Jahre, waren dle exlllerten wie die in Palästina verbliebenen Juden Untertanen Persiens. Damals bedrängte *Zarathustras* dualistische, einen guten und einen bösen Gott unterscheidende Anschauung den jüdischen Gottesglauben und nötigte seine Theologen, ihr Gottesverständnis neu zu klären. Man hielt am überlieferten Ein-Gott-Glauben fest, sah sich aber genötigt, jede Art von bösem, Unheil stiftendem Anteil aus dem Gottesbild zu entfernen und in einer eigenen Gestalt zu verdichten. So wurde *Satan*, der „Ankläger", zuerst Mitglied im himmlischen Hofstaat (Sach 3,1ff; Hi 1-2), bis er unter dem Druck der dualistischen Mythologie, obzwar Geschöpf, zum eigenständigen Widersacher Gottes wurde, der zunächst in frühjüdischen Apokryphen, dann im NT auftritt.[50]

Damit erhielt der biblische Glaube ein Pendant zur mythischen Gestalt der *Ate* (Verblendung) in Alt-Hellas. Hatte 2Sam 24 *Gott* David zur Sünde gereizt, ist in einer späteren Neuerzählung der *Teufel* (*diábolos*) der Verführer (1Chr 21,1). Eva beruft sich auf ihre Betörung (נשׁא gr. ἀπατᾶν apa*tan*) durch die Schlange (Gen 3,13; vgl. 1Tim

---

50 *H. Haag*, Abschied vom Teufel (Einsiedeln 1969); *ders.,* Vor dem Bösen ratlos? (München 1978), 73-105; *Fischer/Schiedermair* V § 4; *H. Häring,* Art. Teufel:
Wörterb. des Christentums (Gütersloh-Zürich 1988), 1231f; *H. Merkel,* Art. Satan: Reclams Bibellexikon (Stuttgart [6]2000), 445ff

2,14).[51] Doch nicht von Gott geht *áte / apáte* aus, sondern vom Widersacher Satan/Teufel.

Damit allein war aber Gottes *Heiligkeit* noch nicht von Dunkel befreit, wie das Buch *Hiob* zeigt: *Satan* führt zwar alles Unglück gegen Hiob aus, spielt dann aber keine Rolle mehr. Hiob hadert mit *Gott*, nie mit Satan.

Das Bedürfnis, Gott und Menschen von Bosheit stärker zu entlasten, bestand fort. Entlastung Gottes bedeutete stärkere Belastung des Satan. Sie führte dazu, Satan/Teufel mit Furcht erregender Macht zu denken: mit dem vor Hunger oder zur Revier-sicherung brüllenden Löwen als Sinnbild (1Petr 5,8). Satans wachsende Macht verstärkte die Wider-sacher-Rolle und begründete die Vorstellung eines scharfen Antagonismus von Gott und Satan, den erst ein Endkampf zu Gottes Gunsten entscheiden werde (1Hen, Jub; 2 Petr 2,4-9; Jud 6; Apk 20).

Unter diesem mythischen Horizont bewegt sich auch Jesus in den Evangelien, macht aber deutlich, dass er dem Endzeit-Mythos *hier* und *jetzt,* in seiner Person und seinem Wirken sein historisches Ende bereite. In seinen exorzistischen Heilungen sei die endzeitliche Gottesherrschaft *jetzt* „zu euch gekom-

---

51 Auch das Nomen *áte* kommt als Intensiv-Form *apáte* im NT vor: *Paulus* (oder ein Schüler) erwähnt einen Widersa-cher Jesu, der mit allerlei Verführungskunst, d.h. mit täuschenden und blendenden „Zeichen und Wundern" zur Ungerechtigkeit verführe (2Thess 2,9f). Der Hebräerbrief kennt die Betörung zur Sünde (ἀπάτη τῆς ἁμαρτίας 3,13) Sachlich parallel zu *apáte* sind im NT jene Stellen, wo von Lüge, Betrug (*pseúdos*) die Rede ist (Joh 8,44 u.a.); Jak 1,13 verneint, von Gott stamme irgendeine *Versuchung* zum Bösen.

men" (Mt 12,28f/ Lk 11,20ff),[52] er habe *Satan wie einen Blitz* vom Himmel fallen sehen (Lk 10,18). In mythischer Sprache[53] und Gleichnis-Form verkündet Jesus, durch ihn selbst (und seine Jünger) beweise Gott *definitiv* seinen Willen zu Leben und Heil, sei der Dämonenherrscher, als Inbegriff der bösen Schicksalsmacht, entmachtet, der Verantwortliche für alles quälende Leid überwunden. So kann er alle mit ihrer Lebenslast Geplagten auffordern, sich ihm anzuvertrauen, um Ruhe in ihren Plagen und Stürmen zu finden (Mt 8,26f Par; 11,28ff).

Die mit der Figur Satans psychologisch verbundene Furcht und Schwächung des Vertrauens in Gott wird also von Jesus aufgehoben.

52 Zum ganzen Komplex vgl. *Fischer/Schiedermair*, 128-153; *Theißen*, 47-70.

53 Auch *Zeus* warf die Verführerin *Ate* vom Himmel auf die Erde: Ilias XIX 130f

„Schicksal!" – Das Lehrstück vom Blindgeborenen

Jesu Jüngern aber und allen, die bei ihm Orientierung suchen, wird nun ein anderer, neuer Umgang mit Unglück und Leid nahegelegt.

Das sei am Beispiel der Heilung des Blindgeborenen (Joh 9,1-11), veranschaulicht.[54]

Jesus und die Jünger sehen sich einem Mann gegenüber, dessen Leiden ihm von Geburt anhaftet. Die Ursache seiner Blindheit ist medizinisch nicht näher zu ermitteln. Sie wird von dem Mann selbst als offenkundig so *fatal* eingeschätzt, dass überhaupt nur Gott oder sein authentischer Diener sie heilen konnte (9,32f).

Die Erzählung ist vordergründig und hintergründig zu lesen. Blindheit als konstitutive Behinderung gehört nicht nur für die Bibel zu den typischen Merkmalen menschlicher Unheils-Verfassung (Jes 35,5f; Joh 1,4; Lk 1,79; Mt 4,16). Auch ein moderner Schriftsteller wie *Albert Camus* nennt den Menschen in der absurden Welt einen *Blinden*, der sehen möchte, aber weiß, dass das Dunkel nicht aufhört. Doch wird er unaufhörlich in Bewegung gehalten, denn der „Fels", die niederdrückende Unglückslast, „rollt weiter".[55]

Doch Menschen, die ihr Unglück lähmt, die nicht hindurchsehen, gilt die Heils-Verheißung, Gott werde „die Augen der Blinden öffnen", „die Finsternis vor ihren Augen zu Licht machen" (Jes 35,4; 42,16; 61,1).

54 Weitere Beispiele bei *Fischer,* Schicksal, 283-334
55 *Camus,* 168 [eigene Übersetzung]

Es ist nicht nur jüdische Vergeltungs-Lehre, vielmehr archaische Denk-Gewohnheit, die die Jünger bei so schwer behinderten Menschen fragen lässt: ʼWomit hat er das verdient?ˋ ʼWas hat er, haben seine Eltern verbrochen, dass Gott ihn (sie) so hart straft?ˋ

Die Pharisäer denken ebenso: „Du bist ganz in Sünden geboren"! (wessen Sünden auch immer), tadeln sie den geheilten Blindgeborenen, als er ihr Urteil anzweifelt (Joh 9,34).

Solch archaisches Denken – im Doppelbegriff von *Hybris* und *Nemesis* – lebt heute auf in Anschauungen, die eine *karmisch* begründete Wiedergeburt propagieren, mit Berufung auch auf diesen Text.[56] Sie folgern, Mitleid mit Behinderten sei fehl am Platz, man müsse solchen Menschen die Chance *belassen* (statt zu rauben), ihr schlechtes *Karma* abzuarbeiten. Ein Schicksalsbegriff, der wieder eine *Anánke* (Notwendigkeit) voraussetzt, die nun aber hinduistischer Vorstellung folgt (*Dharma*, *Sansara*) !

Auch die Jünger folgen der archaischen Deutung, die gestattet, sich mit dem Blindgeborenen nur *theoretisch* abzugeben. Sie sind betroffen – als Zuschauer („Gaffer"). Auf die Frage „Wie kann Gott soviel Leid zulassen?", „Wie kommt es, dass jemand von Geburt an mit Blindheit geschlagen (!) ist?", verfügen sie über eine klare Auskunft: Ursache war schwere Sünde, entweder von ihm selbst oder seinen Eltern. Das heißt: Leiden muss ʼverdientˋ sein. Jesus lässt sich auf diese Denkart nicht ein (v 3), nötigt die Jünger, umzudenken: „vielmehr wird/soll Gottes Tun an ihm offenbar werden". Das (Vor-) Urteil wird umgedreht: Die Behinderung /

---

56 Z. B. *Dethlefsen*, Schicksal, 248

Blindheit eignet sich dazu (ist dafür gut), Gottes Art und Großtat sichtbar zu machen! Also: Ihr seid nicht im Theater! Fragt nicht, woher sie kommt! Seht die Blindheit als Chance, dass Gott darin, daran offenbar wird! Das ist ihr Sinn!

Die vv 4-5 bieten zusätzliche Klärung. „Wir müssen die Werke dessen wirken, der mich gesandt hat ..." „Werke" (ἔργα) sind im griechischen AT (LXX) Sammel-Ausdruck für Schöpfungs-Taten, Schöpfungs-*Werke* Gottes (Gen 2,2f: מלאכות). Sie werden zuvor erläutert: „Mein Vater wirkt bis jetzt, und auch ich wirke" (Joh 5,17.19ff.36 LÜ). Im Blick auf Gottes Schöpfer-Handeln („Werke") hat „wirken" (ἐργάζεσθαι) die Bedeutung von „schaffen": *Mein Vater schafft (ist als Schöpfer tätig) bis jetzt, und auch ich schaffe!* Das heißt, die nun anschließende Blinden-Heilung (Joh 9,6-7) soll als Schöpfer-Tat Gottes hier und jetzt, durch Jesus, verstanden werden. Gott schafft Welt und Menschen nicht nur in mythischer Vorzeit, vielmehr ist Er schöpferisch *da aktuell* in Raum und Zeit. Dafür preist der Chorschluss einer Taubstummen-Heilung Gott: „Er hat alles *gut* gemacht, die Tauben *macht* er hören und Stumme sprechen (Mk 7,37).[57]

---

57 Das Verb „machen" (gr. ποιεῖν) steht LXX u. NT für ברא (schaffen) und עשׂה (machen) – hebr. Schöpfungsverben in Gen 1 – und wird in Mk 7,37 zweimal gebraucht, sodass sich ergibt: indem Jesus *heilt, schafft er.* Das Perfekt meint die *hier et jetzt* vollendete Schöpfer-Tat.

„Die Werke dessen, der mich gesandt hat" (LÜ = EÜ) oder: „der mich *geschickt* hat". Als vom Vater Geschickter ist Jesus väterliches Ge*schick* und *Schick*sal für Menschen in ihrer Not.[58] Kein „unerforschlicher Ratschluss", kein anonymes Schicksal, wovor Menschen kapitulieren müssen, verbirgt sich hinter Leben und Welt. Es offenbart sich eine das Leben liebende, Menschen freundliche Güte, ganz auf der Linie der JHWH-Offenbarung an Mose (nach Ex 3,12-14). Wie Mose, lässt sich auch Jesus vom „Vater" hier schicken: zu einem Menschen, der von Geburt an als Blinder von der Welt und den Menschen ausgeschlossen ist, nur dem Dunkel und dem Sünder-Verdacht der Leute ausgeliefert. Der Verdacht „selbst schuld" verhindert ja das Aufkommen von tätigem Erbarmen.

Auch der Ausdruck „müssen" (v 4: „Wir müssen die Werke tun ...") meint nicht etwa eine anonyme „Notwendigkeit" (*Anánke*), sondern den *Auftrag* vom „Vater", nämlich „Licht" zu sein für die Welt und darin Gott als „Licht der Welt" zu offenbaren (Joh 9,5;

---

58 Griechische Sprache (*moira, móros*) denkt *Schicksal* von Zu-Teilung, Los her. Auch das Deutsche *kennt* die Sprechweise ´mein Teil`, ´Los`. Das Wort „Schicksal"/"Schikkung" bedeutet ursprünglich *Anordnung, Verfügung, Bewirkung,* steht so biblischer Denkweise nahe: zB wird Jesaja, vom Herrn zu Juda *geschickt* (6,8), je nach Ja oder Nein der Hörer zum *Geschick* Gottes für Jerusalem. Der Prophet soll die Sehenden blind machen (v 10), doch dem „Rest", der im Finstern lebt, ein helles Lichtes ansagen (9,1), dazu die göttliche „Schickung" eines Retters (19,20).

gemäß Auftrag an den Gottes-Knecht, Jes 49,6). [59]
Der von vielen bis heute als „dunkel" empfundene
und beklagte Gott – die Vielen sehen Gott nicht, da
auch sie Blindgeborene sind – offenbart sich als
Licht und will sich je neu als Licht offenbaren: Ich
habe deine Bedrückung gesehen, deine Klage
gehört, ich kenne dein Leid! Wie Mose kann ein
heutiger Mensch von JHWH angerührt und zu Hilfs-
bedürftigen *geschickt* werden, damit sie, zum Leben
gebracht, Gott entdecken als ihr gutes Geschick.
Mose ähnlich wird auch Jesus zu den Unterdrückten
und Wehklagenden des Gottesvolkes geschickt.

59 Frühchristliche Theologen bekämpfen deterministisches
Schicksalsverständnis *ethisch*, in Verteidigung menschlicher Freiheit, statt theologisch (Rekurs auf das Gottes-
verständnis). Siehe die Bedeutung der *paideia* bei *Klemens
v.A, Origenes, Eusebios*: *Jaeger*, (1963), 35ff; *v. Haehling*
(349-358)

Das dunkle „Müssen" des Kreuzes

Trägt aber nicht der grausame Tod Jesu am Kreuz – der Tod eines Unschuldigen, Verkannten, Missverstandenen – alle Merkmale des überkommenen archaischen Schicksals?

Auch in der ersten Leidens-Ankündigung Jesu an die Jünger fällt der Ausdruck *müssen*: Der Menschensohn *„muss* vieles erleiden, gekreuzigt werden", dann auferstehen (Mk 8, 31ff Par). Entsprechend fragt der Auferstandene die Emmaus-Jünger: *„Musste* nicht der Messias das (alles) (er-) leiden, um einzugehen in seine Herrlichkeit?" (Lk 24,26.46)

Es ist der griechische Ausdruck – das unpersönliche „es muss sein/geschehen" (δεῖ) –, der irritiert. Er wurde in der antiken Kultur als schicksalhaftes Müssen verstanden, als Ausdruck der *„Anánke"* (Notwendigkeit), des anonym-unpersönlichen Schicksals. Schriftsteller der frühjüdischen und frühchristlichen Literatur der Zeitenwende (Apokalyptik) näherten sich dem vorbiblischen Schicksals-Begriff, wenn sie in Visionen „Enthüllungen" zu erkennen glaubten, Enthüllungen der Pläne und Beschlüsse Gottes über den Gang der Geschichte, der Dinge also, die zu bestimmter Zeit („in den letzten Tagen") geschehen werden und – weil in Gottes „Plänen" – müssen. Die Wendung „was geschehen *muss"* findet sich gleichlautend in griechisch verfassten oder übersetzten Büchern, wie in der Johannes-Offenbarung (1,1.19 u.ö.) und ihrer literarischen Quelle: Daniel (2,28f LXX).

Nun kennt aber das Semitische den unpersönlichen Ausdruck „es muss sein, geschehen" nicht.

Das Buch Daniel spricht original-sprachlich davon, was Gott in Zukunft tun *wird* (Futur). Auch ersetzen die Evangelisten in Jesu zweiter und dritter Leidens-ankündigung den Ausdruck „muss" durch schlichtes „wird". Doch bemächtigte sich antiker Schicksals-Glaube über den Ausdruck „muss" auch vieler Christen und prägt bis heute ihre Vorstellung von Jesu Kreuz-Weg, als sei er ein schicksalhaft von Gott beschlossenes „Muss".[60]

Oft wird auch die Vaterunser-Bitte „Dein Wille geschehe" (Mt 6,10) verstanden als Erklärung der Bereitschaft, jeden ´Schicksalsschlag` als Gottes Willen anzunehmen (als „Gottes unerforschlichen Ratschluss"). Dazu fühlen sich viele *in concreto* außerstande. Ihnen ist nicht bewusst, dass hier Gottes Leben schaffende, Leben rettende Wesens-Art, sein Heils-*Willen*, angerufen wird und der Beter erfleht, *dieser* möge Wirklichkeit *werden* (γενηθήτω) „wie im Himmel, so auf Erden".

Das griechische Wort für „es geschehe" ist eben jenes, das in Gen 1,3ff. (griechische Fassung) für das „Es werde" des Schöpfers verwandt wird. Die Vaterunser-Bitte zielt auf Voll-Endung der Schöpfung.

Wie also ist jenes „Muss" der Leidensgeschichte Jesu gemeint?

Kommentatoren der Evangelien erklären meistens,

---

60 Das von *Wilckens* u.a. übersetzte und kommentierte Neue Testament (8/1991) enthält im Kommentar zu Jesu erster Leidens-Ankündigung (Mk 8,31f.) diese Erklärung: „Der Leidensweg des Messias ist Gottes unabänderlicher Heils-Wille und darum für Jesus ein unwidersprechliches ´Muss`. Auch jeder seiner Jünger steht unter diesem Gesetz der Nachfolge Jesu" (161). Man beachte, dass das „Muß" einem „Gesetz" gleichgestellt wird; hier kommt hellenistische Denk-art zum Vorschein.

jenes „es muss" sei gemeint im Sinne der Erfüllung prophetischer Verheißungen („damit die Schrift erfüllt würde"). In der Emmaus-Erzählung wird der Hörer oder Leser zu diesem Sinn des „Muss" förmlich gedrängt: alles „muss" erfüllt werden, was in Gesetz, Propheten und Psalmen „über mich" geschrieben steht (Lk 24,44; vgl. vv 25ff.). Dieses „Muss" signalisiert hier das Bedürfnis der frühen Kirche, die Glaubwürdigkeit Jesu und die der Künder der Oster-Botschaft, *er*, kein anderer, sei der lang erwartete Heil-Bringer, durch den Nachweis des Schrift-gemäßen zu verbürgen, sah doch herkömmliche Messias-Erwartung kein Leiden für den Erwarteten vor. Hinter dem „Schrift-Beweis" wird jedoch die Vorstellung sichtbar, Jesu Schicksal sei eingebettet in den von Gott verfügten Gang der Geschichte. Man ist also bei der Vorstellung von einer „schicksalhaften Notwendigkeit". Dieses Denken ist Mk und Mt so teuer, dass sie mit Jesu erster Leidens-Ankündigung einen Einspruch des Petrus verbinden. Petrus protestiert in der Sache gegen das Schicksalsdenken. Mt spitzt den Protest noch zu, wenn Petrus Gott anruft, der Jesu Leidens-Weg verhindern soll (16,22), und ihm dann Abfuhr durch Jesus zukommen lässt: Petrus denke nicht wie Gott, sondern wie Menschen, und eben dies menschliche „Gott verhüte!" sei satanisch (16,23; Mk 8,33).

Doch konnte der Gedanke an eine unergründliche Notwendigkeit – Gottes „Ratschluss" – nicht genügen, da er der Sinn-Frage kaum Nahrung bietet. Man suchte und fand Hilfe bei anderen Deute-Mustern:

Jesu Einreihung unter Propheten-Schicksale, die Traditionen des „leidenden Gerechten" (vgl. 1Petr 2,21-25).[61]

Motive aus den Klage-Psalmen, Texte aus dem Buch der Weisheit (2-3), Lieder vom „Gottes-Knecht" (Jes 50, 4-9; 53,2-12) boten sich an. Das Leiden des bewährten Knechtes in Jes 53 kommt aus dem „Tragen", Sich-aufladen der Schmerzen, Sünden und Feindseligkeiten der anderen ohne Gegenwehr noch Flucht des Knechtes. Daran knüpft der Gedanke (v 12): jener, der die Sünden der Vielen trug, trat für diese auch bittend ein, ja gab sich, sein Leben hin (LXX παρεδόθη – vgl. Mk 9,31 Par). Paulus nimmt den Gedanken auf, wendet ihn auf Jesu Lebens-Leistung, Tod und Auferweckung an (Röm 8,32.34).

Diese alttestamentlichen Texte sind bzw. enthalten keine Vorhersagen, eher grundsätzliche Gedanken und Hoffnungen, die unversehens – mit dem Schicksal Jesu – als wahr, mit Leben erfüllt, von Gott geschenkt verstanden werden.

So entsteht ein Loblied auf Gott, der die Schöpfung in Christus vollendet. Zweimal führt Paulus aus, jetzt könne keine Macht der Welt die mit Christus Verbundenen mehr „scheiden" von der „Liebe Christi", ja von der „Liebe Gottes" (Röm 8,35.39).

Das Wort „scheiden" begegnet in der ersten Schöpfungs-Erzählung mehrfach (Gen 1,4.6. 7.14.18), grundlegend bei der Scheidung des Lichtes von Finsternis. Die Genesis-Erzählung ist ja ein eindringliches Zeugnis von Gottes Engagement für das Leben. Hat Gott nun (sinnt *Paulus*) in Jesus Christus die immer wieder regen Chaos- und Todes-

---

61 Den Prozess der geistig-gläubigen Verarbeitung des Kreuzestodes Jesu in der Urkirche zeigt auf *Theißen*, 202ff.

Mächte sich selbst aufgeladen und durchgetragen, so hob er mit dem auferweckten Jesus Christus – als „Unterpfand" – eine *neue Erde,* einen *neuen Himmel* (vgl. Jes 65,17; 2Petr 3,13; Apk 21,1f.) aus den Todes-Fluten. Wer von den Schiffbrüchigen der ´alten`, vom Meer des Todes umflossenen Welt gerettet wird auf die „neue Erde", den kann keine Macht der Welt mehr scheiden von Gottes Liebe, die in der Auferweckung Jesu quasi ihren ´archimedischen Punkt` erreicht.

So stellt Paulus klar: keine Macht, ob gegenwärtig oder zukünftig, im Weltall ´oben` oder ´unten`, physisch oder geistig, kann die Getauften mehr scheiden von Gottes Liebe, die er in Christus erwies (8,35.38f.).

Das Wort vom „Müssen", *Leiden*-Müssen des Messias, gewinnt nun eine andere Tiefe. Nicht von abstrakt-anonymer Schicksals-Notwendigkeit ist die Rede, von ehernem ´Welt-Gesetz`, von einem mit Willkür gefärbten Gottes-"Ratschluss". Es ist vielmehr ein Müssen der Liebeskraft, ein der Liebe Gottes zum Leben innerliches, vollkommene Liebe bezeugendes, auf Überwindung der Todes-Macht zielendes ´Müssen`, das deren Überwindung einleitet: Gott, der die geballte Macht der „Mächte und Gewalten" in Christus auf sich nimmt und bis in ihre letzte Konsequenz (Tod in Verachtung und Schande) durchträgt, setzt ihre Verwandlung und In-Dienst-Nahme (dem Leben *zugute*: Gen 1,10 usw.) von innen her in Gang. Die Präsentation der Wundmale durch den Auferstandenen offenbart die Überwindung des Todes von innen her (Lk 24,39f.; Joh 20,20.27).

Mit-Auferstehung als Geschenk

Der Schöpfer-Geist, den Getauften übereignet, ist *Leben* (Röm 8,9f.; Joh 6,63), Leben, das, Todes-Mächten trotzend, Raum und Kraft findet und die Mächte der Zerstörung in Segen und in Diakonie verwandelt:

Werden wir geschmäht, so segnen wir;
verfolgt, so dulden wir;
verleumdet, so reden wir gut zu (1Kor 4,12f. – Ü. *Wilckens*)
Allseits sind wir bedrängt, doch nicht verängstigt,
am Ende, doch nicht verzweifelt,
verfolgt, doch nicht verlassen,
zu Boden geworfen, doch nicht verloren (2Kor 4,8f. – eig. Ü.)
In allem erweisen wir uns als Gottes Diener:
in großer Geduld, in Bedrängnis, in Nöten,
in Beklemmungen,
in Schlägen, in Gefängnissen, in Nervosität,
in Mühsalen, in Schlaflosigkeit,
in Lauterkeit, Erkenntnis, in Großmut, Güte,
in heiligem Geist, in aufrichtiger Liebe,
im Wort der Wahrheit, in Gottes Kraft;
durch die Waffen der Gerechtigkeit zur Rechten und zur Linken,
bei Ehre und Schmähung, (gelten) als Betrüger und (sind) doch wahrhaftig ...,
wir gleichen Sterbenden, und siehe: wir leben! ...
als Trauernde und doch allzeit Fröhliche,
als Arme, die aber viele reich machen,
als Habenichtse, die doch alles besitzen (2Kor 6,4-10 – eig. Ü.)

Was Paulus bezeugt, ist Leben trotz und mit Wund-malen. An die Christen appelliert er, sie möchten in solchen, den Todes-Mächten trotzenden Erfahrun-gen ihre eigenen (auf jeden Fall *möglichen*) Erfah-rungen erkennen, Erfahrungen mit der in ihnen lebenden Geistes-Kraft, kurz: Lebende trotz Angst, Bedrängnis und Sterben! Darin erfahren sie im Ansatz schon ihr Mitauferstanden-Sein mit Christus (Röm 6, 4.8).

Sieht man auf die Schöpfung, ist es das *Leben*, das kraft der *Liebe* durch die Schluchten der „Todes-Schatten" getragen wird. Leben der Selbstbehaup-tung – aber nicht der eigennützig-furchtsam um sich selbst kreisenden Selbstbehauptung, für die der Tod der letzte Gang ist (ihr Name ist „Fleisch": Röm 6,16.23; 7,5; 8,6.13), sondern die solidarische, schon hier und jetzt den Tod überwindende, in Gottes Geist auf Gott hin ausgestreckte Selbstbe-hauptung (Röm 6-8; Gal 4,3-7; 1Kor 13,13 u.ö.).

Gott wird nun geahnt als Der, der an seinem Gott-Wesen „nicht wie an einer hart errungenen Beute festhalten" muss (Phil 2,6f.), der also keiner Welt-Macht gleicht, dessen liebende Souveränität sich vielmehr in Entäußerung seiner selbst kund tut (in Jesus, der sterbend sich wieder an den „Vater" entäußert).

Gott wird transparent als gleichsam entäußertes, dreifaches Sein-in-Hingabe.[62]

Grund für Wende und Neu-Deutung ist die Gewissheit: der Kampf gegen den Tod und seine Macht ist durchgestanden, der Tod besiegt (1Kor 15,55ff.).

Das bedeutet: Die sich entäußernde, in Jesus Christus sich gestaltende, dem Unheil aussetzende, es in Chancen des Heils umwandelnde Liebe – sie vermag, Schlechtes umzuplanen in Gutes, Leben zu erhalten (Gen 50,20; Röm 8,28) – ist offenbar das *Schicksal* hinter und in der Welt. Indem Gott *sich* der Welt *in* und *durch* Jesus Christus *zuschickt*, offenbart er sich als das gute *Geschick* der Welt.

Kann sich ein Mensch, *nur auf sich gestellt*, dem Treiben der Welt-Mächte und Gewalten ausgeliefert, früher wie heute nur schwer dem Eindruck entziehen, letztlich sei er nichts als der *Un*fug der grausamen Laune oder Willkür einer anonym-unverfügbaren Macht (Schicksal genannt), sein Leben eine „nutzlose Passion", kann ihm in der existentiellen Begegnung mit Jesus Christus – wofern er sie konsolidiert im geduldigen Lebens-Experiment mit dessen Lebens-Botschaft und Lebens-Form - Schritt für Schritt aufgehen: er ist *nicht* dem Spiel einer boshaft oder auch nur gleichgültig Fäden spinnen-

---

62 Man sollte hier keinen Gegensatz neutestamentlicher Gottes-Erfahrung zum Gott des AT suchen. Mag Gottes Hervortreten in Jesus Christus auch eine Differenz begründen, bedeuten doch die Spitzen-Aussagen des AT (zumal bei den Propheten) über den sich jenseits von Menschen-Maß erbarmenden, leidenschaftlich liebenden Gott den Gold-Hintergrund, in den sich Profil und Antlitz Jesu erst einzeichnen ließen. Auch das Volk in den Evangelien erkennt in Jesu Rede und Tun den Gott Israels (z.B. Mk 7,37; Lk 7,16); s.. *Thoma,* Art. Gott, *Petuchowski-Thoma*, 134-138

den, Drähte ziehenden Willkür ausgesetzt, vielmehr werde er von einer meist verborgen wirkenden Kraft berührt, nicht selten getragen, ja geborgen, welche die *Liebe* als Hinter-Grund und letztes Ziel der Welt, zugleich als Sinn des Mensch-Seins verheißt. Dem intuitiven Ahnen bietet sich Jesus Christus dar als Ziel-Sinn von Gottes Fügungen und Hilfen.

So erweist sich das Evangelium als eine Botschaft, die auch in der Moderne die Existenz von Menschen tragen kann und sie befähigt zu unerschütterlichem Widerstand gegen die „Mächte und Gewalten".

Das belegt ein auch der Todesgefahr trotzendes Zeugnis wie das von *Martin Luther King*:

When our days become dreary with low-hovering clouds of despair, and when our nights become darker than a thousand midnights, let us remember that there is a creative force in this universe, working to pull down the gigantic mountains of evil, a power that is able to make a way out of no way and transform dark yesterdays into bright tomorrows.

Dieses Zitat aus einer Rede Kings wird noch durchsichtiger aus dem Grund des biblischen Glaubens.

Glaubende als Mit-Schöpfer

Da der Gott der Bibel von Anfang an, durch die Zeiten bis in Gegenwart und Zukunft, als Schöpfer zum Heil der Geschöpfe engagiert ist: Scheidung des Lichtes und Lebens von den Mächten des Chaos, des Todes (entweder begrenzt er sie oder nimmt sie in Dienst für Leben und Heil), hat auch das Geschöpf Mensch daran teil: verantwortlicher Mit-Schöpfer (Gen 1,27ff), „Gerechter" (zB Gen 7,1; Ps 37,21.30; Sp 12,5; Hab 2,4; Röm 1,17; 10,4; 1Joh 3,7) Zeuge (Mk 16,15.20; Mt 28,19f; Lk 24,48; Joh 20,21; Apg 1,8), ´Samariter` (Mt 25,34-40; Lk 10,1ff.9.25-37; Röm 12,4-21; 1Kor 13,1-7; 1Joh 3,11-18; 4,7-21).

Die Welt, der der Mensch angehört, hat teil an Gottes Du-Verhältnis zum Menschen wie am Du-Verhältnis des Menschen zu Gott.[63] Als zeitlich-räumlich gedehnte und geteilte Welt enthüllt sie die Unfertigkeit, Unvollendetheit der Schöpfung. Als selber raumzeitlich verfasstes Geschöpf hat der Mensch sie einerseits als unvollendete schlicht hinzunehmen, ja zu erleiden; zum anderen weckt ihr da und dort wahrnehmbarer ´Baustellen`-Charakter im Bewusstsein und Ge-Wissen des Menschen die ihm eingeschriebene Berufung, im Maß des Möglichen mit Gottes Schöpfer- und Heilswillen mit-zuwirken: mitzuwirken am Gut-Machen der Schöpfung. Auch für das Gut-werden der einzelnen Menschenleben engagiert sich der Schöpfer, engagiert er Mitmenschen.

Doch nehmen nicht alle die Berufung an, stellen sich gar mit einer „nekrophilen" Lebens- und Welt-

---

63 *R. Guardini,* Welt und Person (Würzburg 1950), 113-114; *M. Buber,* Der Glaube der Propheten (Zürich 1950), 236-237; *ders.,* Prinzip, 135

sicht in den Dienst der Gegenmacht, des Todes (evolutionsgeschichtlich die Macht von ´gestern`).

Gott spricht Menschen an im Vokabular biographischer, sozialer und geschichtlicher Ereignisse. Ereignisse können (aber müssen nicht) An-Sprache Gottes an Menschen sein. Er macht sie „für dich und mich zu Weisung, zu Forderung" (*Martin Buber*).

Gottes Lebens - und Heils-Engagement ist so zwar nicht insgesamt, jedoch zu einem erheblichen Teil in die Hände des Menschen gelegt, den er zu diesem Dienst erschafft und beruft.

Anders gewendet, bedeutet es: Gott legt das Schicksal der Welt und der Menschen zu einem beträchtlichen Teil in die (Mit-)Verantwortung des Menschen selbst – freilich mit ausführlicher Anleitung und Direktive, wie sie im Ersten und im Neuen Testament vorliegt.

So versteht sich, dass Theologen (mit *Boethius, Thomas von Aquin*) betonen: wo immer Gott für rettendes Handeln und Helfen gepriesen wird, handle er *mittelbar*, d.h. mittels sogenannter Zweitursachen (Dinge, Ereignisse, Personen).

In ausgezeichneter, modellhafter Weise gilt das für den Mittler Jesus Christus, seine Lebensleistung, sein Schicksal (Kreuz, Tod, Auferweckung, pneumatische Präsenz). Sie bezeugen den Gott, auf den er sich beruft, als das gute, Leben und Menschen wohltuend zugewandte Geschick, das von Beginn an dem gleichgültig-grausam-tödlichen Schicksal widersteht, ihm Gottes Willen entgegensetzt, das böse Schicksal ´schafft`, indem es dieses umschafft, in seinen Dienst nimmt, in Segen verwandelt, es zum Guten – Leben und Menschen zugute – fügt.

Vorbild und Zeugnis dafür sind, wie erwähnt, die Wundmale, die der Sieger über den Tod präsentiert.

Zum Mittler, der *sein* Kreuz aufnimmt (Mk 8,34 Par), ist auch der Christ berufen. Ihm ist zugemutet, als sein Kreuz auch die Widersacher, die Feinde des Evangeliums, zu tragen.

Gegenwehr, Widerstand gegen Unheils-Mächte und -Kräfte ist der erste, aber nicht der letzte Schritt. Nicht auf Vernichtung der Übel und Übel-Täter zielt Gottes Liebe zum Leben, sondern auf deren Gewinnung zum *Zugute*-werden, damit auch sie, Gottes Schöpfungs- und Heils-Intention gemäß, zu Chancen konkreter Gottes-Erfahrung würden (Gen 1,10ff; 50,20; Röm 8,24. 28). Das vielfache Leiden-Müssen des in Gottes Dienst Berufenen (Mk 8,31ffPar: also auch der Jünger[innen]) ist Leiden durch *Tragen und Sich-Aufladen* der Widermächte (Jes 53,4ff.10ff). Denn dies ist die Art großmütiger Liebe (1Kor 13,7): sie will das Unwesen in das *JHWH*-Wesen, d.h. In *Da-sein für* und *mit den Schwachen um*fügen. In Gottes Art, Widermächte, statt sie zu vernichten, *um*bestimmen zu wollen in das Zugute-Werden, liegt der Grund für die Feindes-Liebe (Mt 5, 43-44; Lk 6,27-28.35-36; Röm 12,14.17-21). Der reife Paulus stellt die Christen vor die Alternative: Entweder vom Bösen, Unheilvollen, Sinnlosen (*tò kakón*) besiegt, ein bitterer, hadernd-liebloser ´homme révolté` zu werden oder das/den Leiden-Machende(n) zu überwinden durch Gottes Art (Röm 12,21).

Mit diesem Wissen, dieser Aussicht ist *M.L. King* seinen Weg gegangen, haben wie er auch viele andere diesen Weg beschritten, wurden so zum „Licht der Welt" (Mt 5,14; Phil 2,15), welche oft „dunkler als tausend Mitternächte" erscheint. Wo immer sie die Welt – sei es nur ein wenig – humaner, gerechter, sozialer, friedfertiger machen, leuchtet „das Licht in der Finsternis" (Joh 1,5; 2Kor 4,6; Eph 5,8).

Glaube im evolutiven Weltbild

Wir sprachen oben die Unfertigkeit und Unvollendetheit der Welt an, wie sie das evolutive Weltbild
erkennen lässt. Diese Einsicht sollte auf den Begriff
Schöpfung übertragen werden. Auch sie ist im
Werden, harrt der Vollendung. Dabei drängen sich
Sätze des Apostels *Paulus* ins Gedächtnis: Die
Schöpfung warte sehnsüchtig auf das Offenbarwer-
den der Kinder Gottes; Gott habe ihr Hoffnung ein-
gestiftet. Die ganze Schöpfung stöhne und liege in
Geburtswehen, nicht weniger als die Getauften, die
den Geist empfingen (Röm 8,19-23). In einem
evolutiven Weltbild gewinnen solche Sätze an
Dramatik.

Man kann ja nicht verkennen, dass die Natur, so wie
sie sich bis heute entwickelte, neben Leben fördern-
den und aufbauenden Zügen auch grausame,
schaudern machende Eigenschaften aufweist; dass
das einzelne Geschöpf einen geringeren Stellenwert
hat als die Art; dass der Kampf ums Überleben
täglich und auf allen Ebenen unzählige Todesopfer
fordert; dass das Sich-durchsetzen-müssen und die
Selbstbehauptung der einen unaufhörlich das Glück
und Wohlbefinden der anderen stört und zerstört;
dass aber offenbar ein neuer Zustand, eine neue
Ordnung nur unter so vielen Opfern erreicht wird,
wobei das errungene Neue womöglich nur einen
relativen Zeitwert hat. Die menschliche Art befindet
sich weithin anscheinend immer noch auf dem Niveau intelligenter Raubtiere. Sie kann und soll müh-
sam und in langen Zeiträumen lernen, dass (biblisch
gesehen) Askese und Verzicht, Liebe zum Leben

und zu allem Lebendigen, Solidarität und geschwisterliches Miteinander nicht tödliche Zumutungen sind, sondern Chancen, die sich nicht der Natur verdanken, sondern einer Gnade, die in JHWH-Gott der Bibel und im Leben, Sterben und Auferstehen Jesu Christi sichtbar wurde. In dieser Sicht hat die sogenannte Humanisierung der Natur und der Menschheit auf unserem Planeten erst begonnen, seit die in Evolution begriffene Welt vor rund zweitausend Jahren nochmals einen zusätzlichen Schub durch eben dieses Modell Jesus Christus empfing. Damit benötigt der Glaube auch eine neue Modellvorstellung in Bezug auf Gott.

Wenn in diesem Zusammenhang gesagt wird, Gott selber sei im Prozess, im Werden, in Evolution, so ist das missverständlich, da man solche Aussagen unwillkürlich in Analogie zu Werden und Entwicklung von Geschöpfen auffasst.
Wer jedoch etwa in der vom Frühling erfassten Natur das lebendig-kreative Atmen, die Zartheit des Wachsens und Sich-Bildens, die Erleuchtung der Welt wahrnimmt, wer die erst heimliche, dann offenbare Freude, die aus Wiesen und Bäumen quillt, wer darin das traumhafte Schweben und Erblühen auch der eigenen Seele verspürt, dem teilt sich eine Ahnung dessen mit, was Leben in Fülle, was Friede und Heil bedeuten muss – eine Ahnung, die auch die Dichter aller Zeiten berührt.
Dann lässt sich auch ahnen, in welcher Weise auch Gott immerfort „im Werden" ist [64] und was er für

---

64 Theologen des 20. Jahrhunderts wie *E. Przywara* und *K. Rahner* dachten über Gottes Wirklichkeit schon in dieser Weise: s. *Fischer*, Der Mensch, 189ff

seine Schöpfung vorsieht, die jetzt noch eher winterlich erstarrt oder in Sommerhitze gelähmt und verdurstend wirkt.

Glaube in Gemeinschaft

Um das biblische Zeugnis vollständig zu sichten, benötigen wir noch eine Weitung des Blicks. Oben sahen wir auf Jesus und bedachten Mahnungen und Appelle des Paulus an „die Christen". Vom abendländischen Individualismus geblendet, vergessen wir aber gern, dass der Apostel *Paulus* seine Kerngedanken zur christlichen Berufung fast ausnahmslos an *Gemeinden* adressiert und an einzelne Christen nur appelliert, weil sie „in Gemeinde" leben und glauben. *Jesus* handelt prinzipiell nicht anders: er richtet seine Botschaft an Israel, an das Gottesvolk, er speist, heilt und lehrt Glieder der Glaubensgemeinschaft Israel und beruft zwölf Jünger, die er als Grundstock eines erneuerten Israel unterweist und mit sich führt. Ein Christ ist kein Robinson auf einsamer Insel, er ist Glied einer glaubenden Gemeinschaft von Schwestern und Brüdern. Die natürliche Sozialität jedes Menschen gehört zu den fraglosen Voraussetzungen des Christ-Werdens.

Auch Jesu Lebensengagement zielt darauf, dass Israel-Juda zur lebensfähigen Solidargemeinschaft und -gesellschaft werde, so aber ansteckend für andere Völker, und dass ihre lebensfreundliche Art Zeugnis gebe für den Gott – JHWH –, der in ihr wohnt und dessen *Name* (Ausstrahlung) sie ist. Darauf zielt bis heute auch die 3. u 4. Bitte (*b^erachah*) im jüdischen Achtzehn-Bitten-Gebet: *Sein* (JHWH`s) *Königtum komme zur Herrschaft – in eurem Leben, in euren Tagen und im Leben des ganzen Hauses Jisrael !*

Dies auch der ursprüngliche Horizont für Jesus und die Jünger.

Glaube geht für Christen grundsätzlich in dieselbe Richtung, ist doch die Kirche biblisch die Verlängerung bzw. Erweiterung Israels „bis an die Enden der Erde", zum Kreis der Völker (s. a. Röm 9-11).

Die frühchristliche Gemeindepraxis verifizierte diese Sicht. Weil die Gemeinden nach Darstellung der Apostelgeschichte ihr Hab und Gut miteinander teilten, auf Ausgleich bedacht und ein Herz und eine Seele waren (2,45; 4,32ff), machten sie die heidnische Bevölkerung auf sich aufmerksam, fanden in deren Augen Wohlwollen, bezeugten durch ihren solidarischen Zusammenhalt die „große Gnade", die in ihnen lebendig war (4,33). Die in der Kraft und Liebe Christi erreichte Überwindung von Macht- und Standesunterschieden, die gelebte Solidarität statt Ausbeutung der Schwachen, der Geist der Barmherzigkeit anstelle von Rivalität, Dünkel, Verachtung, Bestechung und Rechtsbeugung, die Art und Weise also, wie die Gemeinden den neuen Geist sichtbar machten (vgl. Jak 2), ließen das christliche Gottes-Zeugnis glaubhaft werden, wogegen die gnadenlosen Praktiken der imperialen Systeme, die die Religion für sich okkuppierten, für das ohnmächtige Gros der Bevölkerung auch die alten Götter diskreditierten. Der frühchristliche Literat *Tertullian* (2./3. Jh) bezeugt, dass der geistlich-materielle Zusammenhalt der Gemeinden durch gewissenhaft-selbstverständliches Teilen Außenstehende schwer beeindruckte: „´Schau, wie sie einander lieben`, indes sie selbst (die Außenstehenden) sich gegenseitig hassen, ´und wie sie für einander zu sterben bereit sind`, während sie selbst eher bereit waren, einander umzubringen".[65]

Die *Liebe* und die *Gnade,* sie sind der *Name* Gottes (JHWH`s *ješuʿah*) in dieser Gemeinschaft, weil sie den „Willen" Gottes anderen sichtbar macht.

Auch der 1. Joh-Brief redet sehr bestimmt: „Lasst uns einander lieben, denn die *Liebe* ist *aus Gott*, und jeder, der liebt, ist aus Gott geboren und erkennt Gott" (4,7); „Wer seinen Bruder nicht liebt, den er sieht, kann Gott nicht lieben, den er nicht sieht" (4,20).

Führen, Leben, Handeln und Dienen in solidarischer Gemeinschaft ist Ausdruck des Willens Gottes, trägt – biblisch gesprochen – seinen Namen, ist m.a.W. ein Ort, „wo Gott wohnt". Paulus nennt die Solidargemeinschaft der Christen „σῶμα Χριστοῦ", gewöhnlich übersetzt mit „Leib Christi". Sōma heißt Körper, und da es sich um die Gemeinde handelt, besagt der Ausdruck etwa „Körperschaft Christi". Sie ist berufen, in den Augen der Welt die Epiphanie des menschenfreundlichen Gottes, das Leben und das Licht zu sein, das in der Finsternis leuchtet (Joh 1,4f).

Menschen, die für ihr Dasein einen Sinn suchen, einen Sinn auch für das, was ihnen in dieser Welt widerfährt (an Gutem und Schmerzlichem), stoßen irgendwann auf ein großes Wort dieses Jesus: „Kommt zu mir alle, ihr Ausgelaugten und schwer Beladenen, ich will euch wieder zur Ruhe bringen" (Mt 11,28).

---

65 Apologeticum / Verteidigung des Christentums 39,1-7.- Christliche Gemeinde ist somit berufen, den Gegentyp zur häufig sozialdarwinistischen Wirklichkeit einer Gesellschaft zu bilden.

Sören Kierkegaard macht dieses Wort zum Ausgangspunkt seiner „Einübung im Christentum" und kommentiert: „Will man alle Leidenden zu sich einladen, kann dies nur auf die Weise geschehen, dass man die eigene Lage der ihrigen gleich macht, falls diese nicht schon von Anfang an darauf berechnet ist, wie bei ihm … Und die mit ihm lebten, sahen und sehen, dass es auch nicht das mindeste in seiner Lebensweise gibt, was diesem widerspräche. Mit der stillen und aufrichtigen Beredsamkeit der Tat drückt es sein Leben aus, auch wenn er dies Wort nie ausgesprochen hätte … Er steht zu seinem Wort, oder er ist selber sein Wort, *ist*, was er spricht – auch in diesem Sinne ist er das Wort". (I 54)

Wer sich von diesem Wort angesprochen fühlt, weil es durch Jesu Hingabe bis ans Kreuz existenziell belegt ist, von Gott selbst an Jesus wahr gemacht, von den Jüngern verkündet und in Gemeinden verwirklicht, dem kann sich die dunkle Erfahrung von Schicksal und Leid erhellen. Allerdings ist ein Perspektivenwechsel erfordert. Nicht bloß Annahme einer Theorie, sondern ein Engagement des Vertrauens, das die eigene Existenz herausfordert.

LITERATURHINWEISE

Bock, S., Kleine Geschichte Israels (Freiburg-Basel-Wien 1998)
Bremer, D., Das Werk und seine Deutung, in: *Aischylos,* Prometheus in Fesseln (gr.-dt. Ffm 1988)
Buber, M., Moses (Heidelberg 1966)
Camus, A., Le mythe de Sisyphe (Paris 1996)
Deissler, A., , Die Grundbotschaft des Alten Testaments (Freiburg/Br 1995/2006)
Duchrow, U., Gieriges Geld (München 2013)
Finkelstein/, I./Silberman, N.A., Keine Posaunen vor Jericho (dt. München 2004)
Fischer, K.P., Der Mensch als Geheimnis. Die Anthropologie K. Rahners (Freiburg-Basel-Wien [2]1975)
Fischer, K.P. / Schiedermair, H., Die Sache mit dem Teufel (Ffm 1980)
Fischer, K., Schicksal in Theologie und Philosophie (Darmstadt 2008)
von Haehling, R., (Hg), Griechische Mythologie und frühes Christentum (Darmstadt 2005)
Jaeger, W., Das frühe Christentum und die griechische Bildung (Berlin 1963)
Jonas, H., Der Gottesbegriff nach Auschwitz (Frankfurt/ M. 1987),
Kaiser, O., Der Mensch unter dem Schicksal (Berlin – New York 1985)
Kerényi, K., Prometheus – Die menschliche Existenz in griechischer Deutung (Hamburg 1959)
Kierkegaars, S., Einübung im Christentum (dt. dtv München 1977)
Kippenberg, H.G., Die vorderasiatischen Erlösungsreligionen in ihrem Zusammenhang mit der antiken Stadtherrschaft (Frankfurt/M. 1991)
Knauf, E.A., Die Umwelt des AT (Stuttgart 1994),
Kreiner, A., Gott und das Leid (Paderborn 1994)
Loretz, O., Die Gottebenbildlichkeit des Menschen (München 1967)
Marquard, O., Apologie des Zufälligen (Stuttgart 1986)
Nilsson, M.P., Griechischer Glaube (dt. München 1950)
Petuchowski, J.J.,/ Thoma, C., Lexikon der jüdisch-christlichen Begegnung (Freiburg-Basel-Wien 1994)
Rahner, K., Hörer des Wortes [HW] (München [2]1963)
Rahner, K., Wer ist dein Bruder? (Freiburg-Basel-Wien 1981)
Rahner, K., Rede des Ignatius an einen Jesuiten von heute: Schriften zur Theologie XV (Zürich-Einsiedeln-Köln 1983)
Reinhardt, K., Aischylos als Regisseur und Theologe (Bern 1949)

Schneider, C., Geistesgeschichte der christlichen Antike (Sonderausg. München 1970)

Theißen, G., Die Religion der ersten Christen (Gütersloh [3]2003)

Veerkamp, T., Die Welt anders (Berlin 2012)

Zahrnt, H., Wie kann Gott das zulassen? (München 1985)

Zenger, E. u.a., Einleitung in das Alte Testament (Stuttgart-Berlin-Köln 1995)

Zum Autor

Klaus P. Fischer, geb. 1941 in Stuttgart, Oratorianer in Heidelberg, studierte Klassische Philologie, Philosophie und Theologie, u.a. 3 Semester (1962 - 1963) in Innsbruck bei R. Muth, H. Windischer, E. Coreth, O. Muck, K. Rahner und J.A. Jungmann. Beraten u.a. von Karl Lehmann (dem heutigen Kardinal), promovierte er 1973 am Institut Catholique de Paris bei Henri Bouillard mit der Arbeit „Der Mensch als Geheimnis nach den Schriften Karl Rahners" (mit einem Brief Rahners an den Verfasser 1974 bei Herder als Buch erschienen – 2 Auflagen). Neben Zeitungs- und Zeitschriften-Beiträgen über Rahners Werk veröffentlichte er später die Studie „Gotteserfahrung – Mystagogie in der Theologie Karl Rahners und in der Theologie der Befreiung" (1986 bei Grünewald). Veröffentlichungen zu anderen Themen, zB „Die Sache mit dem Teufel" (zus. mit H. Schiedermair – 1980 bei Knecht) und „Schicksal – in Theologie und Philosophie" (2008 WBG Darmstadt). Kleinere Schriften zu Schöpfung, Auferstehung der Toten, Eucharistie, Kirchenkrise u.a. (bei Adlerstein, LIT, Passagen u. Paulinus). Langjährige Tätigkeit in Pastoral, Religionspädagogik, Erwachsenenbildung, Kirchl. Rundfunkarbeit; Lehrbeauftragter für Kath. Theologie an der Evangelisch-Theologischen Fakultät der Universität Heidelberg.